Antoine Guilmoto

L'essentiel pour réussir
L'épreuve orale *de* Culture générale

Conversation avec le jury et motivations professionnelles

Gualino éditeur

***Antoine Guilmoto** est membre de jurys et formateur en culture générale pour les concours de catégorie A et B. Il prépare notamment les candidats à l'épreuve orale de conversation avec le jury.*

L'auteur est docteur en Etudes politiques, diplômé d'étude approfondie en Histoire et en Sociologie et maître en Lettres et en Droit. Cadre A dans la Fonction publique de l'Etat, il est auditeur de l'Institut des hautes études de défense nationale (IHEDN) et du Centre des hautes études sur l'Afrique et l'Asie modernes (CHEAM).

Du même auteur

La note de synthèse - Préparation aux métiers des bibliothèques, de la documentation et du patrimoine, Rouen, Centre national d'enseignement à distance, 2000.

ISBN 2 - 84200 - 573 - 2

À Alix

SOMMAIRE

Introduction 7

1 – La culture générale en question 7

2 – Réussir la conversation de culture générale 8

1 Le sens de l'épreuve 11

1 – Principe et évolution 11

- Une constante des concours 11
- Un critère de recrutement 12
- Un héritage professionnalisé 13
- Une esquisse du métier 14

2 – Principaux recrutements concernés 14

- Repères 14
- Concours 16
- Examens de sélection professionnelle 31

2 Les sources et les thèmes 33

1 – La conversation sur un sujet d'ordre général 33

- Une épreuve de fond 33
- Les sources généralistes 34
- Exemples de thèmes de réflexion 40

2 – La conversation professionnalisée 81
- La notion de motivations professionnelles 81
- L'examen de sélection professionnelle 81
- L'épreuve de motivations professionnelles 83

3 La préparation de l'épreuve et le plan **87**

1 – La préparation 87
- L'impératif temps 87
- Le choix des sujets 87
- L'analyse et la problématique 88

2 – Le plan 90
- Un exercice personnel 90
- Mise en condition 91
- La mise au point du plan 92
- Plans à personnaliser 93
- La mise en valeur du plan 94
- Plans à éviter 94
- Exemples de plans simplifiés 94

4 L'exposé **109**

1 – Conseils pratiques 109
- Les usages 109
- Se libérer de l'écrit 110
- L'ambiance concours 111

2 – Faiblesses et atouts 111
- Concours externes 111
- Concours internes et examens de sélection professionnelle 112
- Les qualités à rechercher 113

3 – L'introduction 114

4 – Les développements 115
- Architecture générale 115
- Les exemples 115

5 – L'exposé professionnel 116
- Objectifs 116
- Modalités 116
- Le suivi de l'actualité politico-administrative 118
- Les sources administratives 119
- Les outils d'analyse 120
- Pistes 120

6 – La conclusion 123

5 Les questions 125

1 – Le sens des questions 125
- Les points faibles des candidats 126
- La préparation du questionnement 126
- Le jeu des contraires 127

2 – L'échange 128
- L'enchaînement des questions et des réponses 128
- Anticiper les questions 129
- Répondre à une question 130

3 – La typologie des questions 131
- Connaissances 131
- Techniques 132
- Professionnalisées 133
- Mise en situation ou simulation 135
- Appréciation ou opinion personnelle 135
- Personnalisées 136
- Libres ou presque… 137

6 Le jury et la communication 139

1 – Le jury 139
- Mission 139
- Désignation 140
- Présidence 140
- Composition 141
- Nombre de membres 142

2 – Fonctionnement 143
- Publicité de l'épreuve 143
- Le secrétariat du jury 144
- La connaissance d'un membre du jury 145
- La notation 145

3 – La présentation et l'expression 146
- Le Code social 146
- L'expression 147

4 – La communication non verbale 149
- Donner du sens 149
- Le paralangage 150
- Son utilisation 151
- Une image cohérente 153
- Repères 153

Vers le succès **155**

1 La culture générale en question

☞ *La culture générale est méconnue et évolutive.*

La culture générale n'est pas une matière scolaire ou une discipline universitaire. Si son domaine est vaste, ses contours restent flous. Il s'agit, à l'origine, de connaissances qui se présentent comme « universelles » au travers d'un ensemble de représentations et de valeurs qui se transmettent dans la culture occidentale.

Ainsi, la culture générale a d'abord été élitiste, artistique et littéraire. Si le rêve de « l'honnête homme » et du savoir universel persiste encore de nos jours, le développement exponentiel des connaissances a montré ses limites. À partir du XVIIe siècle, la culture générale est devenue, grâce à l'éducation, un enrichissement de l'esprit par des connaissances variées marquées par le classicisme. Le siècle d'or de la culture générale est celui des Humanités qui forment des esprits cultivés. Depuis l'avènement d'une culture de masse au milieu du XXe siècle, la culture générale est devenue plus diffuse et plus éphémère. Certains ont affirmé sa vacuité ; d'autres ont annoncé sa disparition. D'aucuns évoquent aujourd'hui une récupération marchande voire « une culture jetable ».

Longtemps signe de reconnaissance sociale, la culture générale est également devenue un outil d'évaluation pour le recrutement. Dans le secteur privé, elle transparaît sous forme de tests et d'entretiens qui complètent le contrôle des connaissances techniques. Sous des dénominations diverses, la culture générale est présente dans presque tous les concours qui permettent à l'Administration française de recruter ses agents, qu'il s'agisse des épreuves écrites, dissertation ou questionnaire à choix multiple, ou orales, exposé suivi de questions.

Un temps menacée par des critères d'évaluation qui se voulaient neutres, ergonomiques et rapides, la culture générale a recouvré toute sa place pour lutter contre un risque « d'inculture généralisée ». Elle est une des clefs pour la compréhension du monde qui nous entoure. Dans le secteur privé, la culture générale permet de départager les cadres recrutés comme de détecter ceux qui seront promus. Elle est censée garantir l'adaptation et le rayonnement d'un cadre supérieur ou dirigeant. Dans la Fonction publique, la culture générale traduit l'intérêt pour la Cité et une forme de citoyenneté. Dans tous les cas, la culture générale est à la fois l'expression d'une continuité et un signe d'ouverture.

Débordant sur toutes les disciplines, la culture générale s'est élargie récemment au management des hommes. À l'oral, l'évaluation des idées et des connaissances est désormais complétée par une approche des motivations et du métier.

Quelque soit sa formation initiale et son expérience professionnelle, le candidat doit donc s'attendre à être confronté, à tout moment, avec ce qu'il est censé savoir mais aussi avec l'image de ce qu'il prétend devenir.

> *Loin d'être une approche superficielle, l'épreuve de conversation doit convaincre le jury que le candidat conjugue trois atouts :*
> – des connaissances initiales dites aussi pré-requis ;
> – des motivations professionnelles ou volonté de les traduire ;
> – enfin, un comportement mettant en accord les connaissances et les motivations.

2 Réussir la conversation de culture générale

☞ *L'épreuve de conversation est le fruit d'une préparation pluridisciplinaire et méthodique.*

Le mémento s'adresse aux candidats aux concours administratifs des catégories A et B qui préparent l'épreuve orale de culture générale dite de conversation avec le jury.

Catégorie A

Quoique pluridisciplinaire par essence, cette épreuve permet aux candidats issus notamment des instituts d'études politiques, historiens ou sociologues de disposer, *a priori*, d'un léger avantage. ***Cependant, ces filières ne disposent d'aucun monopole*** et les candidats ayant suivi d'autres disciplines dans les sciences humaines, le Droit, l'Économie, la Littérature ou la Philosophie peuvent tout autant prétendre au succès. Enfin, les candidats venant d'autres formations comme celles à caractère commercial ou scientifique devront plus particulièrement veiller à s'affranchir de leur approche initiale afin de développer une compréhension globale de leur environnement.

Catégorie B

L'épreuve ne doit pas être confondue avec un oral de Philosophie, de Littérature ou d'Histoire assimilable à celui du baccalauréat. ***Tous les candidats doivent donc être attentifs à s'ouvrir sur les grands problèmes contemporains au travers de leurs lectures.***

> Ce manuel est le fruit d'une expérience éprouvée des jurys de concours et de la formation à l'épreuve orale de conversation dans différentes administrations de l'État ainsi que dans les Fonctions publiques territoriales et hospitalières.
> Lui même cadre A de la Fonction publique de l'État, l'auteur réunit une formation universitaire pluridisciplinaire en Science politique, en Histoire, en Sociologie, en Lettres et en Droit complétée par des formations supérieures dans les domaines des Relations internationales et de la Défense nationale.

Dans un souci de clarté et d'efficacité et avec une vocation pratique affirmée, ***ce mémento alterne des conseils méthodologiques et des pistes de réflexion qui faciliteront la préparation du « candidat » (terme générique utilisé, sans distinction de genre, pour des raisons de concision) quelque soit sa formation, ses attentes et le concours tenté.***

> ***Six chapitres abordent successivement :***
> – Le sens de l'épreuve.
> – Les sources et les thèmes.
> – La préparation de l'épreuve et le plan.
> – L'exposé.
> – Les questions.
> – Le jury et la communication.

Le sens de l'épreuve

CHAPITRE 1

1 Principe et évolution

Une constante des concours

☞ *La culture générale est présente à l'écrit (dissertation) et à l'oral (conversation avec le jury).*

Sauf exceptions ou dispositions dérogatoires, le concours est le mode d'accès commun à tous les corps de la Fonction publique française. Dans ce cadre, il existe une épreuve orale de conversation ou de motivation professionnelle dans la plupart des concours administratifs qui permettent l'accès aux corps de fonctionnaires des trois Fonctions publiques : État, territoriale (y compris celle de la Ville de Paris) et hospitalière. Il en est de même pour les concours organisés par les assemblées parlementaires.

La permanence de cette épreuve, sous ses différentes formes, s'étend à cinq voies de recrutement :

– les concours externes dits aussi premiers concours ouverts sous condition de diplômes ;

– les concours internes dits seconds concours réservés aux agents publics ayant au moins quatre ans d'ancienneté dans un grade inférieur ;

– les recrutements sur titres qui sont des variantes simplifiées des concours externes ;

– les examens de sélection professionnelle qui sont, en fait, de véritables concours permettant, à l'issue d'un délai statutaire, d'accéder au grade supérieur dans un même corps ;

– les épreuves d'intégration de contractuels et de vacataires permettant à des agents publics d'obtenir leur intégration dans un corps de fonctionnaire.

Les concours externes et internes comportent des épreuves écrites dites d'admissibilité qui vont permettre aux candidats les plus méritants d'accéder ensuite aux épreuves orales dites d'admission.

Un critère de recrutement

☞ ***La conversation avec le jury est déterminante pour la réussite d'un concours.***

Sauf statut particulier (police et armée notamment), les différents corps de la Fonction publique sont classés en trois catégories dites A, B et C. La catégorie A correspond aux cadres de conception, d'étude et d'encadrement. Les concours externes qui permettent d'y accéder sont ouverts aux candidats titulaires d'un diplôme de deuxième cycle universitaire. On peut distinguer les concours ouvrant aux corps supérieurs de la Fonction publique, grands corps et corps de direction, et ceux recrutant des cadres moyens. La catégorie B correspond à la maîtrise c'est-à-dire à l'encadrement et à l'application. Les concours externes qui permettent d'y parvenir sont ouverts aux candidats bacheliers ou de niveau équivalent.

Pour mémoire, les concours de catégorie C recrutent les agents d'exécution. Ils sont ouverts aux candidats ayant un brevet d'étude des collèges ou sans condition de diplôme. Les épreuves écrites et orales sont simplifiées.

De catégorie A ou B, ces concours concilient, à l'admissibilité, des épreuves généralistes comme la dissertation sur un sujet d'ordre général, le commentaire ou le résumé de texte avec des disciplines universitaires. ***À l'admission, ils comportent une conversation avec le jury sur un sujet d'ordre général. Du fait de son fort coefficient, l'épreuve est souvent qualifiée de culture générale ou de grand oral. Les concours internes d'accès aux corps des catégories A et B sont organisés sur le même modèle***. À l'admissibilité, une note de synthèse remplace souvent la dissertation ; à l'admission, l'épreuve de conversation avec le jury est teintée de connaissances professionnelles.

Depuis quelques années, que ce soit à l'externe ou à l'interne, l'épreuve de conversation intègre de plus en plus des questions de motivations et de mise en situation professionnelles.

Un héritage professionnalisé

☞ *L'élitisme d'antan s'efface devant la professionnalisation.*

La conversation avec le jury sur un sujet d'ordre général ou professionnalisé est souvent perçue comme la survivance d'une conception élitiste du recrutement. Elle est en effet l'héritière lointaine de grands concours disparus mais relayés par l'avènement de l'École nationale d'administration (ENA) en 1945. Des comparaisons sont également possibles avec des épreuves d'accès aux concours de l'enseignement supérieur et celles des instituts d'études politiques. D'un point de vue théorique, ces rapprochements sont largement justifiés : l'épreuve de conversation n'a pas de programme précis. Elle revêt un caractère intangible et universel. Elle fait toujours la différence et commande le succès ou l'échec au concours. Mais, la comparaison s'arrête là : suivant le concours, le degré d'exigence varie… qu'il s'agisse de l'ambition de l'exposé, de la difficulté des questions ou des pré-requis professionnels attendus. Quant au jury, il a toute latitude pour accroître la sélectivité du concours en affinant ses critères de notation.

La justification de cette épreuve n'est donc pas qu'une affaire de ressemblance avec des épreuves où l'humanisme, l'érudition, l'esprit d'à propos et l'éloquence étaient indispensables pour convaincre et quelquefois séduire le jury. La version moderne de l'épreuve de conversation naît du constat que des fonctions de cadre ou de maîtrise nécessitent un minimum de connaissances générales qui garantissent les capacités d'adaptation à des postes de responsabilité.

Ces connaissances sont le gage de plusieurs qualités opérationnelles pour un cadre A ou B :
- bonne compréhension des directives reçues ;
- autonomie d'analyse et de décision ;
- garantie d'une attitude nuancée et, le cas échéant, critique ;
- faculté de faire partager un point de vue ;
- capacité potentielle à endosser des responsabilités plus importantes.

■ *Une esquisse du métier*

☞ ***Le profil recherché doit être mis en valeur par la personnalisation de la prestation.***

La culture hiérarchique et de responsabilités segmentées propre à l'Administration s'efface de plus en plus devant une autorité partagée, nourrie de management, et d'impératifs de transparence. La conversation avec le jury suit cette tendance : elle devient moins académique, plus ouverte sur les grands débats dits sociétaux, préférant la dimension humaine à une approche désincarnée, et analysant ses propres dérives. L'épreuve de conversation avec le jury n'est plus un entretien de salon ou une épreuve académique comme elle a pu l'être jusqu'aux années soixante-dix.

Elle ressemble de plus en plus à un entretien d'embauche englobant l'analyse d'un document, l'expression d'un raisonnement et la capacité à soutenir un point de vue. Cette tendance est renforcée par la composition du jury. Les professeurs et les pédagogues sont très minoritaires dans les jurys de conversation. Le candidat est interrogé par des fonctionnaires qui pourraient être ses futurs chefs de service ou ses pairs. L'épreuve permet d'évaluer le candidat sous trois angles complémentaires : la mise en valeur de connaissances lors de l'exposé, la réactivité et l'adaptation professionnelle pendant les questions.

> Sans que cela puisse être considéré officiellement comme un critère de sélection, il faut bien constater que les jurys recherchent des candidats « profilés » ou donnant potentiellement l'impression qu'ils ont déjà intégré le métier.
>
> Ce fait ne doit pourtant pas inciter le candidat au conformisme : lors de la sélection, les jurys apprécient un candidat qui a su montrer sa différence dans le registre en développant des idées personnelles ou en sachant argumenter face aux questions.

2 Principaux recrutements concernés

■ *Repères*

☞ ***Il est important de se documenter préalablement sur le métier et la carrière.***

Seuls les concours généralistes sont évoqués. Les concours à dominante technique ainsi que les concours de l'enseignement ne sont pas cités. Il en est de même des concours administratifs organisés par les assemblées parlementaires, les Armées et les instances de l'Union européenne.

Pour plus de détails, des précisions sur l'organisation des concours, les préparations ouvertes, les métiers correspondants et les carrières proposées peuvent être obtenues dans différents organismes publics.

• ***Sur le service organisateur, les conditions d'inscription, le calendrier et les épreuves de ces concours :***

– au *Journal officiel* (Tél. 01 40 58 75 00) qui publie en début d'année la liste prévisionnelle de tous les concours.

• ***Sur les préparations publiques à ces concours :***

– dans un des instituts de préparation à l'administration générale (IPAG) rattaché à une université (pour Paris : Tél. 01 53 63 86 30) ;

– dans un des centres de préparation à l'administration générale (CPAG) rattaché à un Institut d'études politiques (IEP) ;

– au centre national d'enseignement à distance (CNED) de Lille (Tél. 03 20 15 78 00).

• ***Sur les métiers correspondant aux grades postulés :***

– En consultant les dossiers métiers disponibles à l'Office national d'information sur les enseignements et les professions (ONISEP – Tél. 01 64 80 35 00), dans les centres d'information et d'orientation (CIO), au Centre d'information et de documentation de la jeunesse (CIDJ) ou dans ses centres régionaux (pour Paris : Tél. 01 44 49 29 30)), à l'agence pour l'emploi des cadres (APEC) et dans certaines agences spécialisées de l'Agence nationale pour l'emploi (ANPE).

• ***Sur les carrières qui découlent de la réussite à ces concours :***

▸ Pour la Fonction publique de l'État :

– au ministère de la Fonction publique (service des concours : Tél. 01 42 75 80 00) ;

– dans un des centres interministériels de renseignement administratif (CIRA – pour Paris : 01 40 01 11 01).

▸ Pour la Fonction publique territoriale :

– au Centre national de la Fonction publique territoriale (CNFPT – service des concours : Tél. 01 55 27 44 00), dans l'une de ses délégations régionales ou dans un des centres départementaux de gestion (CDG) ;

– à la Ville de Paris (bureau du recrutement : Tél. 01 42 76 49 79).

▸ Pour la Fonction publique hospitalière :

– au ministère chargé de la Santé (direction des hôpitaux : Tél. 01 40 56 60 00) ou dans l'une de ses directions départementales ;

– à l'Assistance publique – Hôpitaux de Paris (service de l'accueil, du recrutement et des concours : Tél. 01 40 27 30 00).

■ *Concours*

☞ ***Pour obtenir plus de précisions sur l'ensemble des épreuves de ces concours, il convient de se renseigner auprès du service organisateur.***

Quelque soit l'intitulé de l'épreuve orale de culture générale, celle-ci comprend toujours deux parties : un exposé commentant un sujet ou une expérience professionnelle suivi d'une conversation sous forme de questions. La notion de conversation revêt ici un sens particulier qui la distingue d'un entretien à bâton rompu. Il s'agit d'une simulation à fort enjeu, en temps contraint et dans un environnement inégalitaire.

> Pour bien saisir la tonalité particulière de chacun des différents concours de catégorie A et B, le candidat pourra se reporter au descriptif qui suit :
> ***Classement par catégorie, Fonction publique puis par ordre alphabétique du concours.***

a) Catégorie A

• *Fonction publique de l'État*

☞ ***Le grand oral de l'ENA est la référence de tous les concours pour ce qui est de la conversation avec le jury. Ceci étant, les concours de catégorie A sont d'inégales difficultés et la conversation avec le jury y est plus ou moins professionnalisée.***

▸ ***Administrateur de l'Institut national de la statistique et des études économiques (finances – INSEE)***

– ***Externe :*** exposé de vingt minutes environ consistant en une présentation synthétique d'une documentation remise au candidat suivi d'une conversation de dix minutes environ entre les examinateurs et le candidat (préparation : 180 minutes – durée : 30 minutes environ – coefficient 12).

– ***Interne :*** le libellé de l'épreuve est le même que celui du concours externe (coefficient 10).

▸ ***Attaché d'administration centrale (Fonction publique – interministériel)***

– ***Externe :*** conversation avec le jury sur un texte d'ordre général (préparation : 15 minutes – durée : 15 minutes – coefficient 4).

– ***Interne :*** le libellé de l'épreuve est le même que celui du concours externe.

▸ ***Attaché d'administration scolaire et universitaire (éducation nationale – AASU)***

– ***Externe :*** conversation avec le jury à partir d'un texte à caractère général (préparation : 20 minutes – durée : 20 minutes – coefficient 4).

– ***Interne :*** conversation avec le jury sur un sujet d'ordre administratif, économique, pédagogique ou social (préparation : 15 minutes – durée : 15 minutes – coefficient 4).

▸ ***Attaché de l'institut national de la statistique et des études économiques (finances – INSEE)***

– ***Externe :*** le candidat dégage les idées principales d'un article, d'un extrait d'ouvrage contemporain ou d'un dossier portant sur un sujet d'ordre général ne nécessitant pas de connaissance technique dans le domaine abordé. Il les présente de façon structurée sous forme d'un exposé, sans paraphraser le texte, en portant un regard critique sur le texte et en concluant par une appréciation personnelle. Le jury pose ensuite des questions sur le texte et engage une discussion avec le candidat. Le jury apprécie l'aptitude du candidat à dégager les idées et à les synthétiser, sa capacité d'expression et sa culture générale (préparation : 60 minutes – durée : 30 minutes – coefficient 6).

– ***Interne :*** le libellé de l'épreuve est le même que celui du concours externe.

▸ ***Attaché de police (intérieur)***

– ***Externe :*** néant.

– *Interne :* entretien avec le jury ayant pour point de départ un exposé du candidat sur son expérience administrative et visant à apprécier ses aptitudes et ses motivations professionnelles (préparation : néant – durée : 20 minutes – coefficient 4).

▸ *Attaché de préfecture (intérieur)*

– *Externe :* sur la base d'un sujet tiré au sort par le candidat, conversation avec le jury, à partir soit d'un texte court, soit d'un sujet de réflexion, visant à apprécier la personnalité et les aptitudes du candidat (préparation : 20 minutes – durée : 20 minutes – coefficient 4).

– *Interne :* entretien avec le jury ayant pour point de départ un exposé sur l'expérience administrative du candidat et visant à apprécier ses aptitudes et ses motivations professionnelles (préparation : néant – durée : 20 minutes – coefficient 4).

▸ *Bibliothécaire de l'État (culture et communication)*

– *Externe :* conversation avec le jury de vingt minutes débutant par le commentaire d'un texte court ou d'une citation portant sur l'actualité intellectuelle et culturelle pendant dix minutes (préparation : 30 minutes – durée : 30 minutes – coefficient 4).

– *Interne :* conversation avec le jury de vingt minutes débutant par le commentaire d'un texte court ou d'une citation tirés au sort au début de l'épreuve et portant sur l'actualité intellectuelle et culturelle pendant dix minutes (préparation : 30 minutes – durée : 30 minutes – coefficient 4).

▸ *Chargé d'étude documentaire (interministériel – CED)*

– *Externe :* exposé de cinq à dix minutes à partir d'un texte ou d'une citation, tiré au sort au début de l'épreuve, portant sur les grands thèmes de l'actualité (intellectuelle, culturelle, économique et sociale) et suivi d'une conversation avec le jury. Cette épreuve permet au jury d'apprécier les qualités de réflexion et la culture des candidats ainsi que leur aptitude à exercer les fonctions notamment dévolues aux chargés d'études documentaires. Elle doit ainsi permettre d'évaluer leurs motivations ainsi que leur ouverture d'esprit, leur capacité d'adaptation et de communication et leur aptitude à animer une équipe, à négocier et à réagir vite et opportunément (préparation : 20 minutes – durée : 20 minutes – coefficient 4).

– *Interne :* exposé sur un sujet précis dans les domaines des techniques de la documentation ou des nouvelles technologies de l'information, tiré au sort au début de l'épreuve et suivi de questions se rapportant à l'exposé. Cette épreuve comportant cinq à dix minutes d'exposé permet au jury de vérifier les connaissances des candidats (préparation : 20 minutes – durée : 20 minutes – coefficient 3).

▸ *Commissaire de police (intérieur)*

– ***Externe :*** conversation ayant pour point de départ, au choix du candidat, soit le commentaire d'un texte, soit un exposé sur un sujet à caractère général. Ce choix s'effectue au moment de l'épreuve après tirage au sort d'un sujet de chaque type (préparation : 30 minutes – durée : 30 minutes – coefficient 5).

– ***Interne :*** le libellé de l'épreuve est le même que celui du concours externe.

▸ *Conseiller d'administration scolaire et universitaire (éducation nationale – CASU)*

– ***Externe :*** néant.

– ***Interne :*** discussion avec les membres du jury, à partir d'un dossier présentant le parcours professionnel du candidat suivi d'un exposé d'une durée maximale de 10 minutes sur un texte relatif aux problèmes éducatifs et culturels. Cet échange doit notamment permettre au jury d'apprécier la personnalité du candidat à partir de son expérience et de son parcours professionnel, de juger de ses capacités de réflexion, d'analyse et de synthèse ainsi que de son aptitude à l'animation d'une équipe et son approche de la gestion qualitative des ressources humaines (préparation : néant – durée : 30 minutes – coefficient 4).

▸ *Conseiller de tribunal administratif (Conseil d'État)*

– ***Interne (recrutement complémentaire) :*** interrogation sur un sujet de droit administratif suivie d'une conversation d'ordre général avec le jury (préparation : 30 minutes – durée : 40 minutes – coefficient 2).

▸ *Conservateur des bibliothèques (culture et communication)*

– ***Externe :*** commentaire d'un texte ou d'une citation pendant dix minutes suivi d'une conversation avec le jury de vingt minutes (préparation : 30 minutes – durée : 30 minutes – coefficient 4).

– ***Interne :*** le libellé de l'épreuve est le même que celui du concours externe (coefficient 3).

▸ *Conservateur du patrimoine (culture et communication et Ville de Paris)*

– ***Externe :*** entretien avec le jury, dans un premier temps à partir d'un dossier d'au moins quatre documents proposé par le jury en fonction de l'option du candidat et, dans un deuxième temps, permettant d'apprécier les motivations et les aptitudes du candidat par rapport à la ou aux spécialités présentées. Chaque partie de l'épreuve est notée sur dix (préparation : 60 minutes – durée : 60 minutes – coefficient 4).

– ***Interne :*** le libellé de l'épreuve est le même que celui du concours externe.

▸ *École nationale d'administration (Fonction publique – interministériel – ENA)*

– ***Externe :*** explication et commentaire d'un texte de caractère général, suivis d'une conversation avec le jury. Le candidat a le choix entre deux textes (préparation : 60 minutes – durée : 30 minutes – coefficient 3).

– ***Interne :*** explication et commentaire d'un document de caractère général, suivis d'une conversation avec le jury. Le candidat a le choix entre deux documents (préparation : 60 minutes – durée : 30 minutes – coefficient 3).

▸ *Cycle préparatoire interne (Finances) :*

Conversation avec le jury ayant pour objet de déceler l'intelligence que le candidat a de ses fonctions professionnelles et son ouverture d'esprit. Le jury dispose du dossier du candidat (préparation : néant – durée : 30 minutes – coefficient 3).

▸ *École nationale de la magistrature (justice – ENM)*

– ***Externe :*** conversation avec le jury, ayant pour point de départ, au choix du candidat, soit ses réflexions sur un sujet se rapportant aux aspects sociaux, juridiques, politiques, économiques et culturels du monde actuel, soit le commentaire d'un texte de caractère général (préparation : 60 minutes – durée : 30 minutes – coefficient 5).

– ***Interne :*** le libellé de l'épreuve est le même que celui du concours externe.

▸ *Troisième concours*

Le libellé de l'épreuve est le même que celui du concours externe.

▸ *Greffier en chef des services judiciaires (justice)*

– ***Externe :*** conversation avec le jury à partir, au choix du candidat après tirage au sort, d'un texte court ou d'un sujet de réflexion visant à apprécier la personnalité, les motivations et les aptitudes du candidat à exercer les fonctions de greffier en chef. L'exposé est de dix minutes maximum (préparation : 30 minutes – durée : 20 minutes – coefficient 4).

– ***Interne :*** conversation avec le jury ayant pour point de départ, au choix du candidat, soit un exposé sur les fonctions exercées par le candidat, soit un texte court, soit un sujet de réflexion et visant à apprécier la personnalité, les motivations et les aptitudes du candidat à exercer les fonctions de greffier en chef.. L'exposé est de dix minutes maximum (préparation : 30 minutes – durée : 20 minutes – coefficient 4).

- ***Inspecteur des affaires sanitaires et sociales (affaires sociales et emploi – IASS)***

– ***Externe :*** entretien avec le jury comportant trois parties :

– Présentation par le candidat de son cursus personnel et de ses motivations.

– Exposé ayant pour point de départ, un sujet et un texte d'ordre général ; ces derniers sont tirés au sort par le candidat qui choisit de traiter l'un ou l'autre.

– Réponses à des questions sur l'actualité sanitaire et sociale.

(préparation : 30 minutes – durée : 30 minutes – coefficient 5).

– ***Interne :*** le libellé de l'épreuve est le même que celui du concours externe.

- ***Inspecteur des douanes et droits directs (finances)***

– ***Externe :*** exposé sur un sujet d'ordre général à partir d'un texte remis au candidat, suivi d'un entretien avec le jury. Cet entretien pourra porter sur les missions, le fonctionnement et l'organisation de l'administration des douanes et sur l'activité professionnelle du candidat (préparation : 20 minutes – durée : de 20 à 30 minutes – coefficient 10).

– ***Interne :*** le libellé de l'épreuve est le même que celui du concours externe.

- ***Inspecteur des impôts (finances)***

– ***Externe :*** sur la base d'un sujet choisi parmi deux, exposé à partir d'un thème portant sur les problèmes politiques, économiques, financiers ou sociaux du monde contemporain, suivi d'une discussion avec les membres du jury permettant d'apprécier l'aptitude à l'emploi (préparation : 30 minutes – durée : 30 minutes – coefficient 7).

– ***Interne :*** le libellé de l'épreuve est le même que celui du concours externe.

- ***Inspecteur de la jeunesse, des sports et des loisirs (jeunesse et sports)***

– ***Externe :*** néant.

– ***Interne :*** entretien avec le jury ayant pour objet d'apprécier la personnalité et les aptitudes du candidat aux fonctions d'inspecteur et ayant comme point de départ son expérience professionnelle (préparation : néant – durée : 30 minutes – coefficient 6).

▸ ***Inspecteur du travail (affaires sociales et emploi)***

– ***Externe :*** exposé de dix minutes suivi d'une discussion de dix minutes sur un sujet se rapportant à l'évolution générale politique, économique et sociale du monde ainsi que sur le mouvement des idées du XVIIIe siècle à nos jours (préparation : 30 minutes – durée : 20 minutes – coefficient 4).

– ***Interne :*** le libellé de l'épreuve est le même que celui du concours externe.

▸ ***Inspecteur du Trésor (finances)***

– ***Externe :*** réponse à une question tirée au sort parmi deux sur les problèmes économiques, financiers et sociaux actuels, suivie d'une conversation avec les examinateurs (préparation : 20 minutes – durée : 20 minutes – coefficient 5).

– ***Interne :*** réponse à une question tirée au sort parmi deux sur les missions, l'organisation et le fonctionnement des services déconcentrés du Trésor, suivie d'une conversation avec les examinateurs (préparation : 20 minutes – durée : 20 minutes – coefficient 5).

▸ ***Instituts régionaux d'administration (Fonction publique – interministériel – IRA)***

– ***Externe :*** exposé d'une durée de dix minutes au plus suivi d'une conversation avec le jury, à partir, au choix du candidat, soit d'un texte court, soit d'un sujet de réflexion, visant à apprécier la personnalité et les aptitudes du candidat (préparation : 25 minutes – durée : 25 minutes – coefficient 5).

– ***Interne :*** conversation avec le jury visant à apprécier la personnalité et les aptitudes du candidat ainsi que ses motivations professionnelles. Cette conversation a pour point de départ un exposé du candidat sur son expérience administrative, d'une durée de dix minutes au plus. La conversation porte notamment sur des questions relatives aux connaissances administratives générales du candidat (préparation : néant – durée : 25 minutes – coefficient 4).

▸ ***Secrétaire adjoint des affaires étrangères (cadre général – affaires étrangères)***

– ***Externe :*** commentaire d'un texte d'ordre général tiré au sort d'une durée de dix minutes suivi d'un entretien de trente-cinq minutes avec le jury permettant d'apprécier les aptitudes, la personnalité et les motivations du candidat (préparation : 30 minutes – durée : 45 minutes – coefficient 6).

– ***Interne :*** le libellé de l'épreuve est le même que celui du concours externe (coefficient 7).

• *Fonction publique territoriale*

☞ ***Les élus siégeant dans les concours territoriaux ont tendance à introduire des questions d'opportunité dans la conversation avec le jury. La proximité du terrain renforce également l'impact des questions de mise en situation.***

▸ *Administrateur territorial*

– ***Externe :*** commentaire d'un texte à caractère général ou d'un sujet d'actualité, suivi d'une conversation avec le jury, destinée notamment à apprécier la personnalité et les motivations du candidat, ainsi que son projet professionnel (préparation : 30 minutes – durée : 30 minutes – coefficient 5).

– ***Interne :*** commentaire d'un texte à caractère général ou d'un sujet d'actualité, suivi d'une conversation avec le jury, destinée notamment à apprécier la personnalité et les motivations du candidat, ainsi que son expérience professionnelle (préparation : 30 minutes – durée : 30 minutes – coefficient 5).

▸ *Attaché territorial*

– ***Externe :*** commentaire suivi d'une conversation avec le jury à partir, au choix du candidat, soit d'un texte court, soit d'un sujet de réflexion (préparation : 20 minutes – durée : 20 minutes – coefficient 4).

– ***Interne :*** Le libellé de l'épreuve est le même que celui du concours externe.

▸ *Attaché de la Ville de Paris*

– ***Externe :*** conversation avec le jury sur un texte d'ordre général (préparation : 15 minutes – durée : 15 minutes – coefficient 4).

– ***Interne :*** le libellé de l'épreuve est le même que celui du concours externe.

▸ *Bibliothécaire territorial*

– ***Externe :*** conversation avec le jury débutant par le commentaire d'un texte ou d'une citation, tiré au sort au début de l'épreuve, portant sur le domaine de l'information et de la communication ou sur les grands thèmes de l'actualité intellectuelle, culturelle, économique ou sociale et permettant d'apprécier les motivations et la culture du candidat (préparation : 30 minutes – durée : 30 minutes – coefficient 3).

– ***Interne :*** le libellé de l'épreuve est le même que celui du concours externe.

▸ ***Conservateur territorial de bibliothèque***

– ***Externe (réservé aux chartistes) :*** conversation avec le jury portant sur les connaissances techniques et professionnelles du candidat ainsi que sur sa motivation à exercer les fonctions de conservateur (préparation : néant – durée : 30 minutes – coefficient 2).

– ***Interne :*** conversation avec le jury d'environ vingt minutes débutant par le commentaire d'un texte court ou d'une citation, tiré au sort, pendant environ dix minutes (préparation : 30 minutes – durée : 30 minutes – coefficient 3).

▸ ***Conservateur territorial du patrimoine***

– ***Externe :*** entretien avec le jury, dans un premier temps à partir d'un dossier d'au moins quatre documents proposé par le jury en fonction de l'option du candidat et, dans un deuxième temps, permettant d'apprécier les motivations et les aptitudes du candidat par rapport à la ou aux spécialités présentées. Chaque partie de l'épreuve est notée sur dix (préparation : 60 minutes – durée : 60 minutes – coefficient 4).

– ***Interne :*** Le libellé de l'épreuve est le même que celui du concours externe.

• *Fonction publique hospitalière*

☞ ***Dans ces concours, la conversation avec le jury se nourrit de considérations sociales.***

▸ ***Attaché d'administration hospitalière***

– ***Externe :*** entretien avec les membres du jury ayant pour point de départ soit les réflexions du candidat sur un sujet, soit le commentaire d'un texte portant sur les problèmes sanitaires et sociaux contemporains (préparation : 20 minutes – durée : 20 minutes – coefficient 4).

– ***Interne*** : Le libellé de l'épreuve est le même que celui du concours externe.

▸ ***Chef de bureau***

– ***Externe :*** néant.

– ***Interne :*** présentation, à partir d'une mise en situation, de la gestion d'une ou plusieurs unités de travail, de manière à permettre au jury d'apprécier l'aptitude du candidat à l'encadrement d'équipes et sa capacité à participer à la préparation des objectifs de l'établissement et à la mise en œuvre des dossiers arrêtés par la direction (préparation : 30 minutes – durée : 20 minutes – coefficient 2).

▸ *Directeur d'hôpital*

– ***Externe :*** conversation avec les membres du jury ayant pour point de départ soit les réflexions du candidat sur un sujet se rapportant aux problèmes politiques internationaux, économiques, sociaux, culturels ou techniques du monde actuel, soit le commentaire d'un texte de caractère général (préparation : 25 minutes – durée : 25 minutes – coefficient 4).

– ***Interne :*** le libellé de l'épreuve est le même que celui du concours externe.

b) Catégorie B

• ***Fonction publique de l'État***

☞ ***La différence entre les concours de catégorie A et B s'estompe lors de la conversation avec le jury ; les candidats externes ayant le plus souvent des diplômes universitaires.***

▸ *Contrôleur des douanes et des droits indirects (finances)*

– ***Externe :*** exposé sur un sujet d'ordre général à partir d'un texte remis au candidat, suivi d'un entretien avec le jury. Cet entretien pourra porter sur les missions, l'organisation et la réglementation douanières et sur l'activité professionnelle du candidat (préparation : 30 minutes – durée : 15 minutes – coefficient 6).

– ***Interne :*** exposé sur un sujet d'ordre général à partir d'un texte remis au candidat, suivi d'un entretien avec le jury. Cet entretien pourra porter sur les missions, l'organisation et la réglementation douanières et sur l'activité professionnelle du candidat (préparation : 15 minutes – durée : 20 minutes – coefficient 8).

▸ *Contrôleur des impôts (finances)*

– ***Externe :*** exposé sur un thème de culture générale suivi d'une conversation avec le jury permettant d'apprécier l'aptitude à l'emploi postulé (préparation : 20 à 25 minutes – durée : 20 à 25 minutes – coefficient 8).

– ***Interne :*** conversation avec le jury portant notamment sur les missions et l'organisation de la direction générale des impôts, à partir de l'expérience professionnelle du candidat (préparation : néant – durée : 20 à 25 minutes – coefficient 6 – coefficient 5 pour le concours spécial).

▸ *Contrôleur de l'institut national de la statistique et des études économiques (finances – INSEE)*

– ***Externe :*** conversation avec le jury, à partir d'un texte choisi, de façon à permettre au jury d'apprécier les qualités de réflexion et les connaissances générales du candidat ainsi que son aptitude à exercer les fonctions postulées (préparation : 40 minutes – durée : 40 minutes – coefficient 6).

– ***Interne :*** conversation avec le jury, portant sur les fonctions exercées par le candidat depuis sa nomination dans un corps de catégorie C et sur son environnement professionnel. L'entretien est mené à partir du *curriculum vitae* professionnel remis auparavant par le candidat au jury (préparation : néant – durée : 40 minutes – coefficient 6).

▸ *Contrôleur du travail (affaires sociales et emploi)*

– ***Externe :*** conversation avec le jury à partir d'un texte de portée générale permettant d'apprécier les qualités de réflexion et les connaissances du candidat (préparation : 20 minutes – durée : 20 minutes – coefficient 3).

– ***Interne :*** conversation avec le jury à partir d'un texte de portée générale permettant d'apprécier les qualités de réflexion et les connaissances du candidat, suivie de questions permettant de vérifier la connaissance de l'environnement professionnel du candidat (préparation : 20 minutes – durée : 20 minutes – coefficient 3).

▸ *Contrôleur du Trésor (d'administration centrale – finances)*

– ***Externe :*** exposé sur un sujet d'ordre général choisi parmi deux sujets tirés au sort, suivi d'une conversation avec le jury (préparation : 20 minutes – durée : 20 minutes – coefficient 5).

– ***Interne :*** conversation avec le jury à partir d'un texte ou d'une citation de portée générale, suivie de questions permettant de vérifier la connaissance de l'environnement professionnel du candidat (préparation : 20 minutes – durée : 20 minutes – coefficient 4).

▸ *Greffier des services judiciaires (justice)*

– ***Externe :*** conversation avec le jury à partir, au choix du candidat après tirage au sort, d'un texte ou d'un sujet de portée générale visant à apprécier la personnalité et les aptitudes du candidat à exercer les fonctions de greffier. L'exposé est de cinq minutes maximum (préparation : 30 minutes – durée : 15 minutes – coefficient 4).

– ***Interne :*** conversation avec le jury, ayant pour point de départ un exposé de cinq minutes maximum sur l'expérience professionnelle du candidat et visant à apprécier sa personnalité, ses motivations et ses aptitudes à exercer les fonctions de greffier. (préparation : 30 minutes – durée : 15 minutes – coefficient 4).

▸ *Officier de police (intérieur)*

Les épreuves sont en cours de réforme.

– ***Externe :*** entretien ayant pour point de départ un thème à caractère général tiré au sort par le candidat (préparation : 20 minutes – durée : 20 minutes – coefficient 5).

– ***Interne :*** le libellé de l'épreuve est le même que celui du concours externe.

▸ *Secrétaire administratif d'administration centrale (Fonction publique-interministériel – SAAC)*

– ***Externe :*** conversation avec le jury à partir d'un texte ou d'une citation de portée générale permettant d'apprécier les qualités de réflexion et les connaissances du candidat (préparation : 20 minutes – durée : 20 minutes – coefficient 3).

– ***Interne :*** conversation avec le jury à partir d'un texte ou d'une citation de portée générale, suivie de questions permettant de vérifier la connaissance de l'environnement professionnel du candidat (préparation : 20 minutes – durée : 20 minutes – coefficient 4).

▸ *Secrétaire administratif des affaires étrangères (affaires étrangères)*

– ***Externe :*** conversation avec le jury à partir d'un texte ou d'une citation de portée générale permettant d'apprécier les qualités de réflexion et les connaissances du candidat (préparation : 20 minutes – durée : 20 minutes – coefficient 3).

– ***Interne :*** conversation avec le jury à partir d'un texte ou d'une citation de portée générale suivie de questions permettant de vérifier la connaissance de l'environnement professionnel du candidat (préparation : 20 minutes – durée : 20 minutes – coefficient 4).

▸ ***Secrétaire administratif des affaires sanitaires et sociales (affaires sociales et emploi – SAASS)***

– ***Externe :*** conversation avec le jury à partir d'un texte ou d'une citation de portée générale, permettant d'apprécier les qualités de réflexion et les connaissances du candidat (préparation : 20 minutes – durée : 20 minutes – coefficient 3).

– ***Interne :*** conversation avec le jury à partir d'un texte ou d'une citation de portée générale, suivie de questions permettant de vérifier la connaissance de l'environnement professionnel du candidat (préparation : 20 minutes – durée : 20 minutes – coefficient 4).

▸ ***Secrétaire administratif de la police nationale (intérieur – SAPN)***

– ***Externe :*** conversation avec le jury à partir d'un texte ou d'une citation de portée générale permettant d'apprécier les qualités de réflexion et les connaissances du candidat (préparation : 20 minutes – durée : 20 minutes – coefficient 3).

– ***Interne :*** conversation avec le jury à partir d'un texte ou d'une citation de portée permettant de vérifier la connaissance de l'environnement professionnel du candidat (préparation : 20 minutes – durée : 20 minutes – coefficient 4).

▸ ***Secrétaire administratif de préfecture (intérieur – SAP)***

– ***Externe :*** conversation avec le jury à partir d'un texte ou d'une citation de portée générale suivie de questions permettant de vérifier la connaissance de l'environnement professionnel du candidat (préparation : 20 minutes – durée : 20 minutes – coefficient 4).

– ***Interne :*** conversation avec le jury à partir d'un texte ou d'une citation de portée générale suivie de questions permettant de vérifier la connaissance de l'environnement professionnel du candidat (préparation : 20 minutes – durée : 20 minutes – coefficient 4).

▸ ***Secrétaire administratif de la préfecture de police (intérieur – SAPP)***

– ***Externe :*** conversation avec le jury à partir d'un texte ou d'une citation de portée générale permettant d'apprécier les qualités de réflexion et les connaissances du candidat (préparation : 20 minutes – durée : 20 minutes maximum – coefficient 3).

– ***Interne :*** conversation avec le jury à partir d'un texte ou d'une citation de portée générale, suivie de questions permettant de vérifier les connaissances de l'environnement professionnel du candidat (préparation : 20 minutes – durée : 20 minutes maximum – coefficient 4).

▸ ***Secrétaire administratif des services déconcentrés (agriculture et pêche – culture et communication)***

– ***Externe :*** conversation avec le jury à partir d'un texte ou d'une citation de portée générale permettant d'apprécier les qualités de réflexion et les connaissances du candidat (préparation : 20 minutes – durée : 20 minutes – coefficient 3).

– ***Interne :*** conversation avec le jury à partir d'un texte ou d'une citation de portée générale, suivie de questions permettant de vérifier la connaissance de l'environnement professionnel du candidat (préparation : 20 minutes – durée : 20 minutes – coefficient 4).

▸ ***Secrétaire d'administration scolaire et universitaire (éducation nationale – SASU)***

– ***Externe :*** conversation avec le jury à partir d'un texte ou d'une citation de portée générale, permettant d'apprécier les qualités de réflexion et les connaissances générales du candidat (préparation : 20 minutes – durée : 20 minutes – coefficient 3).

– ***Interne :*** conversation avec le jury à partir d'un texte ou d'une citation de portée générale, permettant de vérifier la connaissance de l'environnement professionnel du candidat (préparation : 20 minutes – durée : 20 minutes – coefficient 4).

▸ ***Secrétaire de chancellerie (affaires étrangères)***

– ***Externe :*** conversation avec le jury à partir d'un texte ou d'une citation de portée générale permettant d'apprécier les qualités de réflexion et les connaissances du candidat (préparation : 20 minutes – durée : 20 minutes – coefficient 3).

– ***Interne :*** conversation avec le jury à partir d'un texte ou d'une citation de portée générale suivie de questions permettant de vérifier la connaissance de l'environnement professionnel du candidat (préparation : 20 minutes – durée : 20 minutes – coefficient 4).

▸ ***Secrétaire de documentation (culture et communication)***

– ***Externe :*** interrogation portant sur les missions, l'organisation et le fonctionnement de l'administration de la culture (préparation : 15 minutes – durée : 15 minutes – coefficient 3).

– ***Interne :*** le libellé de l'épreuve est le même que celui du concours externe.

• *Fonction publique territoriale*

☞ ***D'une manière générale, les cadres B de la Fonction publique territoriale ont des missions plus opérationnelles que leurs homologues de la Fonction publique de l'État : la tonalité de la conversation avec le jury s'en ressent.***

▸ *Assistant qualifié de conservation du patrimoine et des bibliothèques*

– ***Externe :*** conversation avec les membres du jury à partir de textes à caractère culturel de manière à permettre d'apprécier les connaissances générales, les qualités de réflexion et la motivation du candidat (préparation : 20 minutes – durée : 20 minutes – coefficient 3).

– ***Interne :*** conversation avec les membres du jury à partir de textes à caractère culturel permettant de vérifier la culture générale et la motivation du candidat (préparation : 20 minutes – durée : 20 minutes – coefficient 3).

▸ *Rédacteur territorial*

– ***Externe :*** conversation avec le jury à partir d'un texte tiré au sort, destiné à permettre d'apprécier les qualités de réflexion du candidat et son aptitude à exercer les fonctions dévolues au cadre d'emplois des rédacteurs territoriaux (préparation : 20 minutes – durée : 20 minutes – coefficient 3).

– ***Interne*** : le libellé de l'épreuve est le même que celui du concours externe.

▸ *Secrétaire administratif de la Ville de Paris*

– ***Externe :*** conversation avec le jury à partir d'un texte ou d'une citation de portée générale permettant d'apprécier les qualités de réflexion et les connaissances du candidat (préparation : 20 minutes – durée : 20 minutes – coefficient 3).

– ***Interne :*** conversation avec le jury à partir d'un texte ou d'une citation de portée générale, suivie de questions permettant de vérifier la connaissance de l'environnement professionnel du candidat (préparation : 20 minutes – durée : 20 minutes – coefficient 4).

▸ *Secrétaire de mairie*

– ***Externe :*** conversation avec le jury à partir d'un texte choisi de manière à permettre d'apprécier les connaissances générales et les qualités de réflexion du candidat (préparation : 10 minutes – durée : 10 minutes – coefficient 3).

– ***Interne :*** le libellé de l'épreuve est le même que celui du concours externe.

• *Fonction publique hospitalière*

☞ ***Les cadres B de la Fonction publique hospitalière travaillent dans des établissements sanitaires et sociaux ; le candidat doit faire transparaître des motivations qui intègrent cet environnement lors de la conversation avec le jury.***

▸ *Adjoint des cadres hospitaliers*

– *Externe :* entretien avec le jury permettant, à partir d'une mise en situation, d'apprécier les qualités de réflexion et de synthèse et, éventuellement, les connaissances générales du candidat (préparation : 15 minutes – durée : 15 minutes – coefficient 2).

– *Interne :* le libellé de l'épreuve est le même que celui du concours externe.

Examens de sélection professionnelle

☞ ***Bien que dénommées «examen», les épreuves de sélection professionnelle sont, en fait, de véritables concours internes qui permettent à un fonctionnaire d'accéder au grade supérieur de son corps d'appartenance. Pour ces recrutements, les candidats doivent parfaitement maîtriser leur environnement professionnel.***

a) Un exemple pour la catégorie A

L'épreuve orale de sélection des attachés principaux d'administration centrale (Fonction publique de l'État – ministère concerné) est ouverte aux attachés d'administration centrale ayant près de cinq ans d'ancienneté dans le grade. Elle consiste en une conversation avec le jury. Cette conversation a comme point de départ un exposé de cinq minutes au minimum sur les fonctions que le candidat a exercées depuis sa nomination en qualité d'attaché.

La conversation porte notamment :
– sur les questions ressortissant aux attributions du ministère, de l'administration ou de l'établissement auquel appartient le candidat en activité ou en service détaché ;
– sur des questions posées par le jury et destinées à permettre une appréciation de la personnalité et des connaissances administratives du candidat (préparation : néant – durée : 20 à 30 minutes – épreuve unique).

b) Un exemple pour la catégorie B

Les secrétaires administratifs de classe exceptionnelle d'administration centrale (Fonction publique de l'État – ministère concerné) sont recrutés parmi les secrétaires administratifs d'administration centrale ayant atteint un échelon minimum équivalent à une dizaine d'années d'ancienneté.

L'épreuve orale d'admission consiste en une conversation avec le jury ayant pour point de départ un exposé de cinq minutes sur les fonctions et l'expérience professionnelle du candidat, suivi d'une discussion portant sur l'organisation de l'État et plus particulièrement sur l'organisation et les missions du ministère considéré (préparation : néant – durée : 15 à 20 minutes – coefficient 1).

Les sources et les thèmes

CHAPITRE 2

1 La conversation sur un sujet d'ordre général

☞ *L'épreuve est, par essence, pluridisciplinaire. Le jury a toute latitude de varier ses questions.*

La conversation sur un sujet d'ordre général peut porter sur un sujet relatif aux problèmes politiques, moraux, économiques, sociaux et culturels du monde contemporain. Il convient d'approfondir ses connaissances dans ces domaines et de suivre l'actualité quotidienne ou au moins hebdomadaire afin de pouvoir ensuite analyser les idées et les faits en faisant la navette entre des concepts et des exemples.

■ *Une épreuve de fond*

☞ *Des connaissances encyclopédiques sont inutiles ; par contre, des repères facilement mobilisables sont indispensables.*

D'ores et déjà, il convient de suivre l'actualité politique, économique, sociale et culturelle ainsi que les réformes et les débats d'idées en cours, en lisant régulièrement un quotidien d'information générale voire d'un hebdomadaire (qui présente l'avantage d'être plus synthétique en proposant des dossiers thématiques). C'est la meilleure façon de « désamorcer » un sujet car il faut bien constater que les thèmes proposés au concours sont rarement totalement novateurs ou subissent quelquefois des effets de mode.

Il s'agit également d'approfondir ses connaissances de base grâce à des recueils et des tests de culture générale.

Enfin, certains ouvrages scolaires, universitaires ou spécialisés peuvent être consultés tout en gardant à l'esprit que la culture générale est, par essence, pluridisciplinaire. Il s'agit surtout de manuels d'initiation ou de mémentos notamment dans les matières suivantes : science politique – sociologie – littérature générale et arts – droit – économie – histoire et géographie.

La Documentation Française est une référence en matière d'édition d'ouvrages sur l'actualité française ou internationale et de rapports qui constituent de bonnes bases de réflexion.

■ *Les sources généralistes*

a) Pour se remettre à niveau

☞ ***L'épreuve de conversation ne se révise pas ; elle se prépare plusieurs mois avant le concours.***

• *Des lectures à vocation panoramique peuvent être conseillées à titre de remise* à niveau, d'organisation et de mise en perspective des connaissances :

– *Culture générale : se préparer,* Pierre LE GUERINEL, Paris, *CNED La Documentation Française*, 1994.

– *Éléments de culture générale*, Emmanuelle HUISMAN-PERRIN et Thierry LATERRE, Paris, *CNED La Documentation Française*, 1994.

– *La culture générale*, Odon VALLET, Paris, *Masson*, 1995.

– *Thèmes d'actualité – Méthode de travail et informations de base – Préparation aux concours administratifs*, Olivier GANGLOFF, CRDP de Lille, 9e édition, 1996.

– *L'épreuve de culture générale aux concours de catégorie A*, Jean-Francis PASQUIER, Paris, *Maxima*, 1999.

– *Leçons particulières de culture générale*, Éric COBAST, Paris, *PUF Major*, 1999.

– *Manuel de culture générale*, Jean-François BRAUNSTEIN et Bernard PHAN, Paris, *Armand Colin Prépas*, 1999.

– *Culture générale*, Robert SILVESTRE, Paris, *Éditions d'Organisation*, 2e édition, 2000.

– *Dictionnaire de culture générale*, Frédéric LAUPIES, Paris, *PUF Major*, 2000.

• À cet égard, certains ouvrages qui traitent de l'épreuve écrite de culture générale abordent des thèmes qui peuvent être évoqués, *plus succinctement,* lors de l'épreuve de conversation :

– *L'épreuve écrite de culture générale*, Pierre MOLINARD, Paris, *CNED La Documentation Française*, 1995.

– *Les concours de catégorie A – Techniques, méthodes et sujets corrigés*, Jaques BRANA, Gérard HOFFBECK, Patrice LITOLFF, Jean-Paul LEVY et Jacques WALTER, Paris, *Dunod Examens et concours*, 1996.

– *Méthodologie de l'épreuve de culture générale*, Jean-Marie PERET et Jean PETAUX, Talence, *Presses universitaires de Bordeaux*, 1996.

– *La composition de culture générale*, Serge SALON et Jean-Charles SAVIGNAC, Paris, *Sirey M&thod*, 6e édition, 2002.

b) Sur la France

• *Culture*

☞ ***Pour autant, l'épreuve de conversation n'est pas une épreuve de philosophie ou de littérature.***

– *Les grands mythes fondateurs*, Florence BRAUNSTEIN, Paris, *Ellipses*, 1995.

– *Une autre histoire des religions*, Odon VALLET, Paris, *Gallimard Découvertes*, 2000.

– *Dictionnaire de philosophie*, Noella BARRAQUI et Anne BAUDART, Paris, *Armand Colin*, 1998.

– *Le guide des idées littéraires*, Henri BENAC, Brigitte REAUTE et Michèle LASKAR, Paris, *Hachette Éducation Références*, 1993.

– *Les pratiques culturelles des Français – Enquête 1997*, Olivier DONNAT, Ministère de la Culture, Paris, *La Documentation Française*, 1998.

– *Le pouvoir intellectuel en France*, Régis DEBRAY, Paris, *Ramsay Folio Essais*, 2000.

– *Fêtes et civilisations*, Jean DUVIGNAUD, Paris, *Actes Sud*, 1991.

– *Les grands entretiens du Monde*, tome II – *Penser la philosophie, les sciences, les religions*, Paris, *Le Monde éditions*, 1994.

– *Les grands entretiens du Monde*, tome III – *Penser le malaise social, la ville, l'économie mondiale*, Paris, *Le Monde éditions*, 1996.

- *Politique*

☞ ***Une culture « citoyenne » contribue à faciliter les échanges avec le jury.***

– *Histoire des idées politiques*, François CHATELET, Olivier DUHAMEL et Evelyne PISIER, Paris, *PUF*, 1998.

– *Histoire politique de la France depuis 1945,* Jean-Jacques BECKER, Paris, *Armand Colin Cursus*, 1998.

– *Regard sur le siècle*, René REMOND, Paris, *Presses de Sciences politiques*, 2002.

– *Libertés et droits fondamentaux*, Mireille DELMAS-MARTY et Claude LUCAS DE LEYSSAC, Paris, *Seuil Points*, 1996.

– *L'engagement politique, déclin ou mutation*, Pascal PERRINEAU, Paris, *Presses de Sciences Politiques*, 1994.

– *Les intellectuels en France : de l'affaire Dreyfus à nos jours*, Pascal ORY, Paris, *Armand Colin Collection U*, 1992.

– *La responsabilité : essai sur le fondement du civisme*, Jean-Marie DOMENACH, Paris, *Hatier*, 1994.

- *Communication*

☞ ***Les sujets de conversation abordent souvent les moyens de communication et leur influence.***

– *Histoire des médias : de Diderot à Internet*, Frédéric BARBIER et Catherine BERTHO-LAVENIR, Paris, *Armand Colin Collection U*, 2000.

– *L'internet, un vrai défi pour la France*, Patrice MARTIN-LALANDE, Paris, *La Documentation Française*, 1998.

- *Europe*

☞ ***Les thèmes européens ouvrent des perspectives qui doivent permettre aux candidats de s'exprimer de façon personnelle.***

– *L'Europe : l'histoire et ses peuples*, Jean-Baptiste DUROSELLE, *Perrin*, 1993.

– *Le roman de l'euro*, Gabriel MILESI, Paris, *Hachette*, 1998.

- *Valeurs et débats*

☞ ***Tout ce qui prête à débat stimule la conversation avec le jury qui appréciera mieux la personnalité du candidat.***

– *Histoire de la société française depuis 1945*, Dominique BORNE, Paris, *Armand Colin Cursus*, 1998.

– *Francoscopie 2002*, Gérard MERMET, Paris, *Larousse*, 2001.

– *L'état de la France, La Découverte*, Paris, 2002.

– *La violence*, Yves MICHAUD, Paris, *Que sais-je ?*, 1988.

– *De la bombe atomique au nettoyage ethnique*, Pierre HASSNER, Paris, *Seuil*, 2000.

– *Les droits de la vie*, Jean-François MATTEI, Paris, *Odile Jacob*, 1996.

– *La mort*, Louis VINCENT, Paris, *Que sais-je ?*, 1988.

– *Sociologie de la famille*, Martine SEGALEN, Paris, *Armand Colin Collection U*, 1996.

– *Les nouvelles frontières de l'inégalité, hommes et femmes sur le marché du travail*, Margaret MARUANI, Paris, *La Découverte*, 1998.

– *La France de l'intégration : sociologie de la nation*, Dominique SCHNAPEPR, Paris, *Gallimard*, 1991.

– *La grande mutation du travail et de l'emploi*, Pierre MORIN, Paris, *Éditions d'Organisation*, 1995.

– *L'exclusion, l'état des savoirs*, Serge PAUGAM, Paris, *La Découverte*, 1996.

– *Histoire de la conquête du temps libre*, Nicole SAMUEL, Paris, *Klincksieck*, 1983.

– *Le tourisme et ses images*, Marc AUGE, Paris, *Rivages*, 1997.

– *L'écologisme*, Dominique SIMONNET, Paris, *PUF Que sais-je ?*, 1998.

– *Les associations*, Charles DEBBASCH, Paris, *Que sais-je ?*, 2002.

– *L'empire de l'éphémère ; la mode et son destin dans les sociétés modernes*, Gille LIPOVETSKY, Paris, *Gallimard*, 1991.

c) Pour s'entraîner

☞ ***Le jury fictif constitue un bon moyen d'entraînement.***

Rien ne remplace l'oral réel. Cependant, des exercices permettent de vérifier l'acquisition de connaissances fondamentales :

– *QCM de culture générale*, Françoise THÉBAULT-ROGER, Paris, *Vuibert*, 1998.

– *QCM de culture générale*, Jean-François GUEDON, Isabelle de LOUPY et Pierre-François GUEDON, Paris, *Éditions d'Organisation*, 1999.

– *QCM et QRC de culture générale aux concours de la Fonction publique*, tomes 1 (2e édition 2002), 2 et 3, Dominique GRANDGUILLOT, Aline NISHIMATA et Raphaëlle WALTER, Paris, *Gualino Éditeur*, 2003.

> Le guide de préparation aux grandes écoles de commerce et de gestion publié chaque année par le groupe *Sigma communication* dans *La revue des prépas* (*Référence* hors série) contient également des informations et des conseils exploitables pour l'épreuve de conversation d'un concours administratif.

d) Pour suivre l'actualité

☞ ***La confrontation de plusieurs périodiques est un bon exercice pour comparer et relativiser les idées.***

Pour désamorcer de nombreuses questions, la lecture d'un quotidien ou, au moins, d'un hebdomadaire s'impose :

• *Quotidiens :*

Il convient de ne pas restreindre sa lecture aux pages politiques, économiques et culturelles. Toutes les rubriques sont exploitables notamment les débats et les articles de vulgarisation.

À titre d'exemples :

– *Le Figaro*.

– *Libération*.

– *Le Monde*.

• *Hebdomadaires :*

Ils ont vocation à synthétiser l'actualité et à proposer des articles mettant en perspective les problèmes.

À titre d'exemples :

– *L'Express*.

– *Le Nouvel observateur*.

– *Le Point*.

– *Marianne*.

– *Valeurs actuelles*.

e) Pour se constituer des dossiers

☞ ***La constitution de dossiers thématiques permet d'approfondir de nombreux sujets de conversation.***

Les périodiques, et notamment les mensuels, sont particulièrement exploitables pour consulter et conserver des articles de synthèse :

À titre d'exemples :

– *Courrier international*.

– *La Documentation Française* (*Notes et études documentaires*, *Problèmes économiques et sociaux* et *Regards sur l'actualité*).

– *Dossiers et documents du Monde*.

– *Le monde diplomatique*.

– *Le Monde de l'Éducation*.

– *Spectacle du monde*.

f) Pour une approche thématique

☞ ***Attention à bien dissocier les tendances de fond et les détails.***

• *Des revues spécialisées permettent de suivre l'évolution d'un thème :*

– *Cahiers français, Problèmes économiques, Notices, Réflexe Europe et Documents d'études* (*La Documentation Française*).

– *Dominos* (*Flammarion*).

– *Esprit*.

– *Essentiels* (*Milan*).

– *Futuribles*.

– *Que sais-je ?* (*PUF*).

– *Le Monde Poche* (*Marabout*).

– *Mémo* (*Seuil*).

– *Point* (*Seuil*).

– *Petite bibliothèque Payot*.

– *Qui ? Quand ? Quoi ?* (*Hachette*).

– *Repères* (*La Découverte*).

• *Bien ciblées, la radio et la télévision complètent utilement les revues sous réserve que la réflexion l'emporte sur l'image.*

À titre d'exemples :

– *Rue des entrepreneurs* (France Inter).

– *Matinales* (France Culture).

– *Des racines et des ailes* (France 3).

– *Théma* (Arte).

g) Pour rechercher

☞ ***Internet et les moteurs de recherche permettent, grâce à la recherche par mots-clefs, une plongée dans toutes les facettes de la culture générale.***

Le site de la bibliothèque nationale de France (www.bnf.fr) offre une capacité inépuisable de recherches.

> Le *Quid* et l'*Encyclopaedia Universalis* peuvent également être consultés sans constituer pour autant des références obligées.

Exemples de thème de réflexion

a) Choix des thèmes

☞ ***Chaque thème peut être croisé avec un ou plusieurs autres.***

Les thèmes de réflexion proposés sont inspirés de l'actualité et d'une approche courante des jurys. Ils ne visent pas l'exhaustivité mais s'efforcent de couvrir un éventail de sujets et de questions qui peuvent être abordés.

Certains de ces thèmes se complètent ou se recoupent. Leur formulation est volontairement générale (1re colonne).

Le commentaire doit être considéré comme une piste. Il appelle des nuances et des précisions qu'un travail personnel de lecture peut seul apporter (2e colonne).

Des exemples de questions sont ensuite proposés sur chaque thème (3e colonne).

Enfin, parce que segmenté, chaque thème peut susciter un élargissement ou une focalisation qui l'amène alors à un sujet connexe (4e colonne).

b) Liste des thèmes

☞ ***Par nature, chacun de ces thèmes est évolutif.***

1 – Institutions :

1.1 – La place de l'État

1.2 – La cohabitation républicaine

1.3 – L'image des élus

1.4 – Les partis en question

1.5 – Les nouvelles forces politiques

1.6 – L'indépendance des juges

2 – Valeurs :

2.1 – Le peuple et la nation

2.2 – La solidarité

2.3 – La famille

2.4 – Éducation et formation

2.5 – La langue française

2.6 – La culture

2.7 – L'éthique et la science

2.8 – Le droit au corps

2.9 – La parité

2.10 – Le fait religieux

2.11 – L'environnement

2.12 – Le patrimoine

2.13 – L'histoire

2.14 – Les nouveaux défis français

3 – Vie collective :

3.1 – Le syndicalisme

3.2 – L'explosion associative

3.3 – La vie urbaine

3.4 – Le monde rural

3.5 – La jeunesse

3.6 – Le troisième âge

3.7 – Le rôle du sport

3.8 – L'écrit et l'audiovisuel

3.9 – La publicité

3.10 – La violence

3.11 – Les minorités

3.12 – Les exclus

4 – Les relations internationales

4.1 – Les droits de l'Homme

4.2 – Les organisations intergouvernementales

4.3 – La puissance américaine

4.4 – La construction européenne

4.5 – Les conflits interétatiques

4.6 – Les nouvelles puissances

c) Détail des thèmes

Chacun des thèmes listés ci-avant sont repris dans les tableaux suivants (1 thème par tableau)

Thème 1.1 – La place de l'État	
Commentaire	**Débat(s)**
D'abord cité puis principauté et fédération de provinces, l'État a pris différentes formes : unitaire, fédéral ou multinational, minimum (« veilleur de nuit »), interventionniste (« gendarme ») ou multicompétent (« providence ») jusqu'à ses formes les plus exacerbées (« tout État » ou « statolatrie » des régimes autoritaires). Pensé comme l'expression d'une domination (marxisme) ou la conjonction de pouvoirs (technostructure), l'État est à la fois décrié (« trop d'État »), vanté (« mieux d'État ») et dépassé (unions interétatiques – nouveaux pouvoirs locaux).	– Quel sens revêt la notion d'État de droit ? – Qu'entend-on par pouvoirs régaliens ? – L'État-nation est-il dépassé ?
Thème(s) lié(s) – Les nouvelles forces politiques (1.5) – Le peuple et la nation (2.1) – Les nouveaux défis français (2.14) – La construction européenne (4.4)	

<table>
<tr><th colspan="2">Thème 1.2 – La cohabitation républicaine</th></tr>
<tr><th>Commentaire</th><th>Débat(s)</th></tr>
<tr><td>Hypothèse non prévue par son fondateur, la Ve République (1958) avec élection du président au suffrage universel direct (1965) a connu sa troisième cohabitation depuis 1986.

Le chef de l'État et le Premier ministre partagent alors des pouvoirs mais peuvent aussi bloquer ou retarder des mesures décidées par l'un ou par l'autre (dissolution et ordonnances notamment).</td><td>– La cohabitation est-elle conforme à l'esprit de la Constitution ?

– Le parlement bénéficie-t-il de cette situation ?

– À quoi sert l'opposition en période de cohabitation ?</td></tr>
<tr><td colspan="2">Thème(s) lié(s)
– Les partis en question (1.4)
– Les nouvelles forces politiques (1.5)
– Les minorités (3.11)</td></tr>
</table>

Thème 1.3 – L'image des élus	
Commentaire	**Débat(s)**
Les mandats européens (depuis 1980) puis la décentralisation (depuis 1982) ont renforcé les pouvoirs des élus. Pourtant, les affaires nuisent à leur image alors que leur responsabilité est grande du fait de la montée en puissance du parlement européen et de leur implication personnelle, notamment dans les communes de moins de 50 000 habitants.	– Le mandat d'élu est-il un véritable métier ? – Faut-il limiter le cumul des mandats ? – Le mandat impératif est-il envisageable ?
Thème lié – L'indépendance des juges (1.6)	

Thème 1.4 – Les partis en question	
Commentaire	**Débat(s)**
Héritiers des factions monarchiques et des clubs révolutionnaires, les partis politiques se développent avec la IIIe République (1875) et les nouvelles idéologies : libéralisme, radicalisme, socialisme et nationalisme. Durant l'entre-deux-guerres, ils subissent les critiques du communisme (1920) et des ligues d'extrême-droite (1934) avant d'être interdits par le régime de Vichy (1940). Cette crise de confiance nuit à la IVe République et fait le jeu du gaullisme triomphant (1958-1973). Toujours critiqués, les partis concourent pourtant fondamentalement au libre exercice du suffrage universel.	– Les pouvoirs publics doivent-ils financer les partis ? – L'influence des partis est-elle en déclin ? – Le bipartisme est-il adapté à la vie politique française ?
Thème(s) lié(s) – L'image des élus (1.3) – Les nouvelles forces politiques (1.5)	

<table>
<tr><th colspan="2">Thème 1.5 – Les nouvelles forces politiques</th></tr>
<tr><th>Commentaire</th><th>Débat(s)</th></tr>
<tr><td>Le paysage politique français n'est plus bipolaire depuis 1977 : écologistes et chasseurs, extrême-droite, trotskystes et souverainistes représentent un tiers de l'électorat.

Leurs stratégies déterminent de nouvelles alliances et sont un facteur d'incertitude pour la gauche plurielle et la droite libérale.</td><td>– Quels sont les atouts des scrutins majoritaires et proportionnels ?
– Le discours politique répond-il aux attentes de nos concitoyens ?
– Les idées révolutionnaires sont-elles compatibles avec la démocratie ?</td></tr>
<tr><td colspan="2">Thème(s) lié(s)
– La cohabitation républicaine (1.2)
– Les partis en question (1.4)</td></tr>
</table>

Thème 1.6 – L'indépendance des juges	
Commentaire	**Débat(s)**
Comme en Italie, l'autorité judiciaire s'émancipe depuis 15 ans au détriment du politique et de l'économique : les jurisprudences s'élargissent (juridictions européennes – Conseil constitutionnel – Conseil d'État – Cour de cassation) et les citoyens multiplient les actions, requêtes, plaintes et pourvois, y compris contre les élus et les agents publics.	– Comment renforcer l'indépendance des juges ? – Faut-il craindre « la république des juges ? » – Trop de lois nuit-il à la Loi ?
Thème lié – La place de l'État (1.1)	

<table>
<tr><th colspan="2">Thème 2.1 – Le peuple et la nation</th></tr>
<tr><th>Commentaire</th><th>Débat(s)</th></tr>
<tr><td>Deux conceptions s'opposent : la première lie le peuple au sol voire à une communauté. La première est subordonnée à cette unité (« wolsk » allemand). La seconde, plus idéologique, met en avant la nation comme passé commun et, surtout, comme volonté collective de vivre ensemble : le peuple n'est que le support de la nation (nation française du XVIIIe siècle) ; idée largement reprise par les nationalismes du XIXe siècle, et les nouveaux États). Cette dernière conception ouvre des possibilités d'autonomie interne ou, le cas échéant, d'indépendance lorsque ces conditions ne sont plus réunies (référendum d'autodétermination).</td><td>– Y a-t-il un peuple français ?
– Un territoire et une langue commune sont-ils indispensables à une nation ?
– Qu'est-ce que la citoyenneté ?
– Le nationalisme est-il de retour ?</td></tr>
<tr><td colspan="2">Thème(s) lié(s)
– La place de l'État (1.1)
– La solidarité (2.2)
– Les droits de l'Homme (4.1)</td></tr>
</table>

Thème 2.2 – La solidarité	
Commentaire	**Débat(s)**
La République a substitué la fraternité des citoyens à la communauté des trois ordres de l'Ancien régime. De nouveaux corps intermédiaires ont succédé aux corporations : collectivités locales, syndicats, partis et associations (1881). Cette prise en compte de la diversité a pu contribuer à l'individualisme pendant les « Trente glorieuses ». Avec la crise (depuis 1974), la solidarité s'affirme pour renforcer la cohésion sociale ; elle est un élément-clef du discours politique (RMI-CMU).	– La solidarité est-elle une nouvelle forme de l'égalité ? – Peut-il y avoir liberté et égalité sans solidarité ? – La solidarité est-elle l'affaire des pouvoirs publics ?
Thème(s) lié(s) – Le peuple et la nation (2.1) – Le syndicalisme (3.1) – L'explosion associative (3.2) – Les exclus (3.12)	

Thème 2.3 – La famille	
Commentaire	**Débat(s)**
La famille remplit une fonction affective (socialisation), culturelle et politique (transmission de valeurs) et économique et sociale (lieu de production et de consommation). Soumise à une triple révolution : industrielle (XIXe siècle), juridique (droits des femmes et des enfants – divorce et nouvelles formes d'union) et sociologique (individualisme), la famille est devenue largement mononucléaire (et non plus inter-générations), temporaire et recomposée.	– Existe-t-il un modèle familial dominant ? – La famille est-elle un lieu de liberté ou de conformisme ? – Qu'est-ce qu'une politique familiale ?
Thème(s) lié(s) – Le droit au corps (2.8) – La jeunesse (3.5) – Le troisième âge (3.6)	

Thème 2.4 – Éducation et formation	
Commentaire	**Débat(s)**
Le système éducatif public français est souvent critiqué : il serait congestionné, impersonnel, inégalitaire et inadapté. Pourtant ce système a considérablement évolué depuis 30 ans : il remplit également une fonction sociale, accueillir des effectifs massifs et s'efforce de se rénover, que ce soit dans ses programmes et pour les enseignants. Enfin, le service public de l'éducation inclut l'enseignement privé conventionné.	– L'école peut elle suppléer aux défaillances des familles ? – Faut-il réformer à nouveau l'enseignement secondaire ou le supérieur ? – Comment réduire l'échec scolaire ?
Thème(s) lié(s) – La famille (2.3) – La langue française (2.5) – La culture (2.6) – La jeunesse (3.5)	

<table>
<tr><th colspan="2">Thème 2.5 – La langue française</th></tr>
<tr><th>Commentaire</th><th>Débat(s)</th></tr>
<tr><td>La langue d'oïl (Nord de la France) s'est imposée sur la langue d'oc et le latin (1539 : édit de Villers-Cotterêts). Elle est la langue du pouvoir et de la culture en Europe.

La République naissante (XIXe siècle) bannit l'usage des langues régionales. L'instituteur est chargé d'extirper les dialectes et les patois. Simultanément, l'aventure coloniale exporte le français au Maghreb, en Afrique et en Asie. La Francophonie en est l'héritage depuis 1960.

Pourtant, le français n'est plus la langue des échanges et de la technique.</td><td>– Comment défendre et promouvoir la langue française ?
– Y a-t-il un français parlé différent de la langue académique ?
– La Francophonie est-elle un vecteur économique ?</td></tr>
<tr><td colspan="2">Thème(s) lié(s)
– La culture (2.6)
– Le patrimoine (2.12)
– L'histoire (2.13)</td></tr>
</table>

Thème 2.6 – La culture	
Commentaire	**Débat(s)**
Jusqu'au XIXe, la culture est enracinée, humaniste, scientifique et élitiste. Elle recouvre les sciences, les arts et les lettres. Depuis 50 ans, cette notion s'est élargie : la culture s'est démocratisée. Elle est devenue universelle, éphémère et marchande. Toute expression et tout objet ont désormais vocation à participer au « champs culturel ».	– L'État doit-il avoir une politique culturelle ? – La France doit-elle favoriser les industries culturelles ? – Les intellectuels ont-ils un rôle particulier à jouer ? – Faut-il encourager le mécénat ?
Thème(s) lié(s) – Éducation et formation (2.4) – La langue française (2.5) – Le patrimoine (2.12) – L'écrit et l'audiovisuel (3.8)	

Thème 2.7 – L'éthique et la science	
Commentaire	**Débat(s)**
Différentes professions sont confrontées à la protection de libertés dont la frontière est floue ou mouvante. Les hommes de communication et les policiers ont élaboré une déontologie ; les médecins et les chercheurs sont encadrés par un comité national d'éthique. Véritable code moral professionnel, l'éthique prélude aussi à des lois qui suivront (1994 : lois bioéthiques).	– La conscience individuelle des scientifiques serait-elle en déclin ? – L'éthique peut-elle être un frein à la recherche scientifique ? – À quoi servent les ordres professionnels ?
Thème lié – Les droits de l'Homme (4.1)	

Thème 2.8 – Le droit au corps	
Commentaire	**Débat(s)**
La libre disposition du corps est un droit âprement débattu : la contraception (1967) l'IVG (1975), la recherche, le don et la greffe d'organes (1994), l'euthanasie, le suicide sont autant de questions de conscience que le législateur a hésité à aborder. De moins en moins considéré comme un lieu sacré et pourtant déclaré inviolable et inaliénable, le corps est devenu un terrain d'investigation et un élément du patrimoine de la personne.	– Est-on propriétaire de son corps ? – Peut-on légiférer en matière d'euthanasie ? – Comment concilier morale publique et sexualité ?
Thème(s) lié(s) – La famille (2.3) – L'éthique et la science (2.7) – Les droits de l'Homme (4.1)	

Thème 2.9 – La parité	
Commentaire	**Débat(s)**
La loi sur la parité femmes-hommes dans la constitution des listes de candidature aux élections politiques (décembre 1999) tend à promouvoir les candidatures féminines. Elle concerne les partis et non les mandats. C'est un élément d'affirmation ou de discrimination positive, cette fois-ci lié au sexe dont l'inspiration n'est pas totalement novatrice (la fiscalité et les prestations sociales pratiquent déjà le rétablissement d'une certaine égalité entre les ménages et les familles).	– La parité est-elle une atteinte à l'égalité ? – Quelles sont les limites d'une politique de quotas ? – L'égalité professionnelle est-elle complète ?
Thème(s) lié(s) – Éducation et formation (2.4) – Les minorités (3.11)	

<table>
<tr><th colspan="2">Thème 2.10 - Le fait religieux</th></tr>
<tr><th>Commentaire</th><th>Débat(s)</th></tr>
<tr><td>Le pouvoir royal (Moyen Âge : gallicanisme) puis la République (1905 : laïcité) ont progressivement privé l'église catholique de son pouvoir temporel puis social.

L'essor des techniques a pour sa part contribué à un mouvement continu de déchristianisation (du XVIIIe au XXe siècle).

Les croyances traditionnelles imprègnent pourtant encore largement les codes et les comportements culturels et sociaux (influence du décalogue sur les droits de l'Homme – question scolaire).</td><td>– Comment garantir le libre exercice des cultes sans s'immiscer dans les pratiques religieuses ?
– Quelle place accorder à l'islam, deuxième religion française ?
– Comment concilier liberté du culte et phénomène sectaire ?</td></tr>
<tr><td colspan="2">Thème(s) lié(s)
– La place de l'État (1.1)
– La culture (2.6)
– L'histoire (2.13)
– Les minorités (3.11)
– Les droits de l'Homme (4.1)</td></tr>
</table>

Thème 2.11 – L'environnement	
Commentaire	**Débat(s)**
La promotion et la défense de l'environnement ont trois facettes : une crainte du bouleversement d'un ordre écologique (l'écosystème), une démarche scientifique d'analyse du monde (l'écologie) et l'apparition d'une idéologie « verte » (des valeurs alternatives). Cette préoccupation est désormais intégré au discours politique et au vocabulaire commercial d'où le risque de dilution et de récupération de ce qui fut, à partir du premier choc pétrolier (1974), un thème de rupture (« vivre autrement »).	– L'écologie est-elle un conservatisme voire une nostalgie ? – Distinguez la protection du cadre de vie et la défense de l'environnement ? – L'écologie est-elle un nouvel internationalisme ?
Thème(s) lié(s) – La place de l'État (1.1) – Les nouvelles forces politiques (1.5) – L'éthique et la science (2.7) – La vie urbaine (3.3) – Le monde rural (3.4)	

Thème 2.12 – Le patrimoine	
Commentaire	**Débat(s)**
Le patrimoine est le fil d'Ariane qui relie une société à ses racines quelque soit sa nature (oral – écrit – image – bâti – artistique). Il existe un devoir de conservation et de diffusion de la mémoire collective au travers « de lieux de mémoire » qui sont les relais donnant un sens à des souvenirs individuels ou lointains. Cette action est rendue difficile par l'accélération du changement et les novations, les réticences des acteurs, le recensement permanent à mener et le danger de figer un patrimoine n'ayant plus de valeur.	– Comment préserver les coutumes et les traditions ? – Le patrimoine historique bâti doit-il être conservé en l'état ou aménagé pour favoriser sa fréquentation touristique ? – Faut-il créer un ministère chargé de la Mémoire ?
Thème(s) lié(s) – La place de l'État (1.1) – La langue française (2.5) – La culture (2.6) – L'histoire (2.13) – L'écrit et l'audiovisuel (3.8)	

Thème 2.13 – L'histoire

Commentaire	Débat(s)
L'histoire est une construction intellectuelle qui s'ordonne à partir d'un point de référence et d'une chronologie sous la forme d'un schéma interprétatif. Ce schéma peut s'appuyer sur « les lois naturelles » (l'homme subirait l'histoire), l'homme (acteur de l'histoire) et les rapports de force (l'histoire est le produit d'affrontements ; c'est l'explication dialectique d'Hegel reprise par Marx – la lutte des classes – et les libéraux). Toujours est-il que l'histoire s'est progressivement détachée d'une explication religieuse pour devenir une science humaine dotée de techniques d'investigation propres.	– Existe-t-il un sens de l'histoire ? – Faut-il opposer l'histoire chronologique et l'histoire des mentalités ? – Le devoir de mémoire fausse-t-il la compréhension de l'histoire ?

Thème(s) lié(s)

– La place de l'État (1.1)
– Le peuple et la nation (2.1)
– Éducation et formation (2.4)
– Le patrimoine (2.12)
– La violence (3.10)

<table>
<tr><th colspan="2">Thème 2.14 – Les nouveaux défis français</th></tr>
<tr><th>Commentaire</th><th>Débat(s)</th></tr>
<tr><td>Depuis 1945, la France a notamment fait face à la reconstruction, à la décolonisation, à l'expansion, à l'éducation de masse, à la révolution des mœurs et à l'intégration européenne.

D'autres défis se profilent : la dépression démographique, « la fracture sociale », la remise en cause du rôle de l'État, la mondialisation, les problèmes liés à l'écologie et les nouvelles technologies de l'information et de la communication.

Cette redistribution des pouvoirs impose des changements progressifs pour accompagner ce mouvement qui engendrera de nombreuses résistances (problèmes institutionnels – intérêts catégoriels – acquis sociaux).</td><td>– La société française est-elle une société bloquée ?
– Quels sont les atouts de la société française ?
– Comment favoriser l'innovation ?</td></tr>
<tr><td colspan="2">Thème(s) lié(s)
– L'environnement (2.11)
– La vie urbaine (3.3)
– Le troisième âge (3.6)
– La puissance américaine (4.3)
– La construction européenne (4.4)
– Les nouvelles puissances (4.6)</td></tr>
</table>

Thème 3.1 – Le syndicalisme	
Commentaire	**Débat(s)**
Il s'agit d'un mode d'organisation qui découle d'une prise de conscience collective visant à défendre et à promouvoir des intérêts professionnels. Regroupant d'abord des salariés, les syndicats se sont spécialisés (cadres – fonctionnaires – agriculteurs – commerçants et artisans – professions libérales – organisations patronales). Les syndicats sont représentés dans toutes les instances de dialogue et de concertation : ce sont les partenaires sociaux.	– Les intérêts catégoriels sont-ils légitimes ? – Le droit de grève peut-il être limité ? – Le temps libre s'oppose-t-il à la valeur travail ?
Thème lié – La solidarité (2.2)	

Thème 3.2 – L'explosion associative	
Commentaire	**Débat(s)**
La loi de 1901 confère un cadre libéral à la vie associative à l'exception des congrégations (1905) et des associations étrangères : c'est le régime déclaratif (facultatif) et la présomption de non lucrativité. Les associations sont le ferment de la vie démocratique locale. Leur nombre est estimé à 800 000. 20 millions de français adhèrent au moins à une association. Certaines sont puissantes et subventionnées pour le concours qu'elles apportent à l'État dans le domaine social, culturel, de l'environnement ou de la jeunesse. D'autres détournent la loi de 1901 en exerçant, en réalité, des activités commerciales.	– Comment contrôler les associations sans porter atteinte à leur liberté ? – Les associations sont-elles dépositaires d'une partie de l'intérêt général ? – Comment l'État peut-il faire face aux groupes de pression ?
Thème(s) lié(s) – Les partis en question (1.4) – La solidarité (2.2) – Éducation et formation (2.4) – L'environnement (2.11) – La vie urbaine (3.3) – La jeunesse (3.5) – Le troisième âge (3.6) – Le rôle du sport (3.7) – Les exclus (3.12)	

Thème 3.3 – La vie urbaine	
Commentaire	**Débat(s)**
La révolution industrielle, l'exode rural et la recherche d'une meilleure qualité de la vie ont favorisé la vie urbaine et les zones périurbaines. En l'an 2000, 90 % de la population française vit concentrée sur 10 % du territoire. Cette situation génère des tensions sociales, une fragilité économique et des services publics inadaptés ou saturés. Lieu de liberté et de développement, la ville favorise aussi la solitude et la détresse. Enfin, la ville cantonne les inégalités à sa périphérie.	– Le développement des mégalopoles est-il une conséquence du progrès ? – Comment l'urbanisme peut-il améliorer la vie en ville ? – Les quartiers en difficulté ont-ils des atouts ?
Thème(s) lié(s) – L'environnement (2.11) – Le monde rural (3.4)	

<table>
<tr><th colspan="2">Thème 3.4 – Le monde rural</th></tr>
<tr><th>Commentaire</th><th>Débat(s)</th></tr>
<tr><td>Caractérisé par un mode de vie traditionnel et agraire jusqu'à la fin des années cinquante, le monde rural est désormais confronté à des problèmes économiques (les agriculteurs y sont minoritaires) et sociaux (dispersion des familles) qui le rapprochent du milieu rurbain (la périphérie des agglomérations).

D'autres options se dessinent pour lui : l'aménagement et l'entretien du territoire vert ainsi que l'accueil d'activités délocalisées.</td><td>– Quelles sont les spécificités du monde rural ?
– L'environnement rural est-il adapté à la vie quotidienne ?
– L'homogénéïsation des modes de vie et les NTIC vont-elles gommer les particularités de la ruralité ?</td></tr>
<tr><td colspan="2">Thème(s) lié(s)
– L'environnement (2.11)
– La vie urbaine (3.3)
– L'écrit et l'audiovisuel (3.8)</td></tr>
</table>

Thème 3.5 – La jeunesse	
Commentaire	**Débat(s)**
Dans une société segmentée en classes d'âge, la jeunesse véhicule un mythe (le désir de changement) et une réalité socio-économique contrastée (apprentissage rapide de la consommation et difficultés d'intégration dans le monde du travail). À cet égard, la majorité civile contredit souvent le statut socio-économique (études prolongées) et le mode de vie (maintien au domicile parental). Il conviendrait plutôt d'évoquer « les jeunes adultes » en voie d'insertion.	– Y a-t-il des droits spécifiques de l'enfant ? – La jeunesse véhicule-t-elle des valeurs nouvelles ? – Qu'est-ce que le jeunisme ?
Thème(s) lié(s) – La famille (2.3) – Éducation et formation (2.4)	

Thème 3.6 – Le troisième âge	
Commentaire	**Débat(s)**
Le vieillissement progressif de la population française jusqu'en 2015 met à l'épreuve la cohérence sociale : la fraction des plus de 65 ans détient l'essentiel des patrimoines et entend bénéficier, malgré des inégalités importantes, de retraites encore avantageuses et de prestations d'assistance. Faut-il imaginer « une lutte des classes d'âge » ? D'autre part, le troisième âge est de plus en plus considéré comme une période active et de consommation. Enfin, la transmission des valeurs culturelles et politiques est influencée par ce vieillissement et cette autonomie.	– Le vieillissement de la population peut-il déboucher sur le conservatisme généralisé ? – Existe-t-il un marché économique du troisième âge ? – Peut-on déjà parler de « quatrième âge » ?
Thème lié – Les nouveaux défis français (2.14)	

Thème 3.7 – Le rôle du sport	
Commentaire	**Débat(s)**
D'abord lié à une activité religieuse ou coutumière, le sport est devenu une discipline au même titre que les arts. Les pouvoirs publics favorisent la pratique sportive. Il existe aussi une économie du sport et un sport spectacle qui reflètent l'importance sociale des sports collectifs et des exploits individuels (professionnalisme). Enfin, le sport véhicule des symboles moraux (vertus) et des messages politiques.	– L'État doit-il mener une politique en faveur du sport ? – L'amateurisme a-t-il un avenir ? – Sport et mercantilisme sont-ils vraiment inconciliables ?
Thème lié – La jeunesse (3.5)	

Thème 3.8 – L'écrit et l'audiovisuel	
Commentaire	**Débat(s)**
Contrairement aux craintes de certains, l'audiovisuel n'a pas fait disparaître « la galaxie Gutenberg » c'est-à-dire une civilisation de l'écrit issue de l'imprimerie. Toutefois, l'alliance progressive du son (radio-téléphone), de l'image (cinéma-télévision) et du processeur (informatique) débouche sur les nouvelles technologies de l'information et de la communication (réseau Internet) qui intègrent l'écrit à l'image. Ainsi « mis en image », l'écrit, initialement instrument de communication individuelle acquiert une nouvelle dimension collective et planétaire : il participe à la société de l'information.	– L'audiovisuel engendre-t-il une démocratisation du savoir ? – Le livre garde-t-il une fonction spécifique ? – L'information est-elle un pouvoir ? – La télévision reflète-t-elle la réalité ? – À quoi servent les jeux audiovisuels ?
Thème(s) lié(s) – La culture (2.6) – Les nouveaux défis français (2.14) – La puissance américaine (4.3)	

Thème 3.9 – La publicité	
Commentaire	**Débat(s)**
Héritière de la réclame, la publicité est autant un besoin commercial (promotion des ventes) qu'une véritable discipline alliant la psychologie (connaissance des ressorts du public), les arts graphiques (esthétique) et l'audiovisuel (impact collectif). L'efficacité et la créativité n'excluent pas un minimum de contrôle déontologique de la profession (exemples : recours aux enfants – violence) sous peine d'action devant les tribunaux (exemples : publicité mensongère – trouble à l'ordre public)	– À quels ressorts la publicité est-elle amenée à faire appel ? – Faut-il autoriser la publicité comparative ? – Les modes sont-elles artificielles ?
Thème(s) lié(s) – La culture (2.6) – L'éthique et la science (2.7) – L'écrit et l'audiovisuel (3.8)	

Thème 3.10 – La violence	
Commentaire	**Débat(s)**
D'essence biologique (agressivité non maîtrisée), encouragée par des facteurs culturels ou sociaux (défense du groupe ou de l'individu), la violence peut être légitimée (l'État a le monopole de la violence institutionnelle) voire esthétisée (culte de l'action directe). La démocratie, même menacée ou inachevée, propose une alternative de participation et d'élection pour canaliser cette violence et promouvoir la paix civile.	– La non-violence peut-elle répondre à l'oppression ? – Dans un système démocratique, la violence peut-elle être considérée comme un moyen d'expression ? – Le terrorisme peut-il s'avérer légitime ? – Comment lutter contre le racisme ?
Thème(s) lié(s) – La place de l'État (1.1) – L'histoire (2.13) – Les minorités (3.11) – Les exclus (3.12) – Les droits de l'Homme (4.1) – Les conflits interétatiques (4.5)	

Thème 3.11 – Les minorités	
Commentaire	**Débat(s)**
Au nom de la volonté nécessairement juste et inaliénable, la démocratie directe est l'expression de la majorité (Rousseau). Pourtant, les démocraties représentatives modernes en quête de légitimité ont également le souci de protéger les droits de la (ou des) minorité(s), future(s) majorité(s). Ce dilemme se traduit par des aménagements constitutionnels dans les modes de scrutin et dans les assemblées délibérantes au risque de fragiliser les institutions. Cette préoccupation est également sensible dans la législation qui essaie de s'adapter aux rapports de force et au changement des mentalités.	– Peut-on opposer la représentativité et l'efficacité en matière de modes de scrutin ? – Les minorités actives sont-elles un ferment démocratique ? – Les langues régionales doivent-elles être protégées ? – L'immigration est-elle une chance pour la France ?
Thème(s) lié(s) – Les nouvelles forces politiques (1.5) – Les droits de l'Homme (4.1)	

<table>
<tr><th colspan="2">Thème 3.12 – Les exclus</th></tr>
<tr><th>Commentaire</th><th>Débat(s)</th></tr>
<tr><td>Cette notion met en cause la capacité d'intégration de notre société. Elle fusionne deux réalités : la persistance d'un « quart-monde » structurel (ex prolétariat industriel et rural) et l'institutionnalisation des « nouveaux pauvres » (depuis 1980).

En fait, l'exclusion résulte du cumul d'échecs individuels auxquels les institutions puis « le filet social » n'ont pu répondre.

Elle montre que l'intégration sociale résulte d'aptitudes initiales, d'une transmission culturelle (l'éducation), d'une formation (une scolarité) et de choix plus ou moins ouverts (métier et mode de vie).</td><td>– Peut-on parler de droits à la santé, au travail et au logement ?
– Quelle est la différence entre intégration et assimilation ?
– La compétitivité génère t-elle l'exclusion ?</td></tr>
<tr><td colspan="2">Thème lié
– La solidarité (2.2)</td></tr>
</table>

Thème 4.1 – Les droits de l'Homme	
Commentaire	**Débat(s)**
Issus de *l'habeas corpus* anglo-saxon (XVIe siècle) et de la philosophie des lumières (XVIIIe siècle) qui prône des droits naturels face à l'arbitraire royal, les droits de l'Homme et du citoyen – 1789) s'affirment avec des lois protectrices des libertés (XXe siècle).	– Les droits de l'Homme sont-ils universellement reconnus ? – De nouveaux droits apparaissent-ils ? – La liberté de la presse est-elle menacée par la désaffection des lecteurs ? – Faut-il contrôler l'usage de l'Internet ? – Faut-il dépénaliser l'usage des stupéfiants ?
Thème(s) lié(s) – La place de l'État (1.1) – Le peuple et la nation (2.1) – Le droit au corps (2.8) – Le fait religieux (2.10) – La violence (3.10) – Les exclus (3.12)	

Thème 4.2 – Les organisations inter-gouvernementales	
Commentaire	**Débat(s)**
D'abord organismes de coopération technique (XIXe siècle), les organisations intergouvernementales ne cessent de développer leurs pouvoirs (1945 : ONU) : rétablissement de la paix, développement des populations et poursuite des crimes contre l'humanité.	– Y a-t-il un devoir d'ingérence lorsque la paix ou une population est menacée ? – Les organisations intergouvernementales peuvent-elles masquer les intérêts des plus grandes puissances ? – La mondialisation est-elle une réponse possible aux problèmes nationaux ?
Thème lié – La place de l'État (1.1)	

Thème 4.3 – La puissance américaine	
Commentaire	**Débat(s)**
Avec la disparition de l'URSS et de sa sphère d'influence (1989 : chute du mur de Berlin) les États-Unis sont la puissance mondiale dominante : économiquement, militairement et culturellement.	– Comment caractériser le modèle américain ? – Y a-t-il une hégémonie américaine ? – Existe-t-il d'autres modèles de développement ?
Thème lié – Les nouveaux défis français (2.14)	

<table>
<tr><th colspan="2">Thème 4.4 – La construction européenne</th></tr>
<tr><th>Commentaire</th><th>Débat(s)</th></tr>
<tr><td>Dans la lignée de l'empire romain (de 700 avant J.-C. au VIe siècle) puis de l'occident chrétien (du VII au XVIIe siècle), la construction européenne repose sur les bases économiques et démocratiques (1956 : Traité de Rome) et un élargissement progressif de l'actuelle Union des quinze.</td><td>– Quelles sont les valeurs unificatrices de l'Europe ?
– Faut-il élargir l'union européenne ?
– Quelle est la place des régions dans l'union européenne ?</td></tr>
<tr><td colspan="2">Thème(s) lié(s)
– La place de l'État (1.1)
– L'histoire (2.13)</td></tr>
</table>

Thème 4.5 – Les conflits interétatiques	
Commentaire	**Débat(s)**
La guerre froide (1945-1962) puis la coexistence pacifique (1962-1979) ont empêché que les affrontements directs entre les États-Unis et l'Union soviétique ne dégénèrent. Par contre, la décolonisation puis les conflits indirects se sont multipliés en Asie, en Afrique et au Moyen orient. Enfin, les conflits internes aux États (guerres civiles et guérilla) persistent.	– Existe-t-il des zones de conflits endémiques ? – La guerre peut-elle être bénéfique ? – Les grandes puissances doivent-elles imposer leur médiation ?
Thème(s) lié(s) – Le peuple et la nation (2.1) – L'histoire (2.13) – La puissance américaine (4.3)	

Thème 4.6 – Les nouvelles puissances	
Commentaire	**Débat(s)**
Le développement des nouvelles technologies, les mouvements de capitaux et une main d'œuvre qualifiée supplantent la puissance industrielle. Les pays producteurs de pétrole (1974 : 1re crise), « les dragons » d'Asie (depuis 1980) et la Chine (depuis 1990) sont désormais des partenaires et non plus des sous-traitants.	– Quels sont les atouts économiques de la France ? – La France est-elle une puissance régionale ou mondiale ? – Comment rompre avec le sous-développement ?
Thème lié – Les nouveaux défis français (2.14)	

2 La conversation professionnalisée

La notion de motivations professionnelles

☞ *L'expérience des jurys montre que les candidats qui n'ont pas préparé ce type de questions sont surpris ou avancent des motivations trop générales.*

Les motivations se préparent et doivent correspondre au « profil » que le candidat veut suggérer. Elles sont mises à jour par des questions directes ou implicites :

- Pourquoi passer ce concours et pas un autre ?
- Quelles sont les fonctions que ce concours permet d'occuper ?
- Quelles compétences seront apportées ?
- Quelles sont les fonctions souhaitées à l'issue de ce concours ?

L'examen de sélection professionnelle

☞ ***Dans cette optique, il convient de dépasser une approche limitée à ses seules fonctions. Il faut réfléchir sur la chaîne des compétences (qui fait quoi ?), l'articulation des compétences (qui apporte quoi ?), ses interlocuteurs (qui défend quoi ?), l'efficience qualitative et quantitative du service (pour quels résultats ?) et son devenir (est-ce la meilleure organisation pour y parvenir ?).***

L'accès au grade d'attaché principal d'administration centrale constitue un bon exemple d'examen de sélection professionnelle. La sélection consiste en une épreuve orale unique dont l'appréciation est complétée par la consultation du dossier individuel du candidat. Un arrêté conjoint du ministère chargé de la Fonction publique et du ministère concerné fixe la composition du jury.

Cette épreuve de sélection professionnelle s'apparente à un concours auquel chaque ministère prépare ses agents avec aide à la mise au point de l'exposé et des jurys d'entraînement suivis d'une analyse de la prestation.

L'arrêté du ministre de la Fonction publique dispose notamment que :

« L'épreuve orale de sélection consiste en une conversation de vingt à trente minutes avec le jury. Cette conversation a comme point de départ un exposé de cinq minutes au minimum sur les fonctions que le candidat a exercées depuis sa nomination en qualité d'attaché d'administration centrale. La conversation porte notamment :

– sur les questions ressortissant aux attributions du ministère, de l'administration ou de l'établissement auquel appartient le candidat en activité ou en service détaché ;

– sur des questions posées par le jury et destinées à permettre une appréciation de la personnalité et des connaissances administratives du candidat ».

Il s'ensuit :

– que cette épreuve doit être considérée comme un échange et pas comme une interrogation ;

– que la consistance de l'exposé guide une partie des questions ;

– que le ministère de l'intérieur est au centre de cette conversation ;

– que la personnalité du candidat doit mettre en valeur ses connaissances.

L'arrêté précise également la composition du jury :

« *Le jury propre à chaque administration est composé d'au moins trois membres nommés par arrêté conjoint du ministre chargé de la Fonction Publique et du ministre intéressé.*

Il comprend, sous la présidence d'un membre du Conseil d'État ou d'un magistrat de la Cour des comptes ou d'un membre d'une inspection générale d'une administration autre que celle au titre de laquelle la sélection intervient, un ou deux fonctionnaires de l'administration intéressée ou exerçant un contrôle sur celle-ci et un fonctionnaire d'une autre administration centrale titulaire d'un grade au moins égal à celui d'administrateur civil de 2e classe ».

Cette composition diversifiée est de nature à permettre à tous les candidats, quelque soit leurs parcours professionnels, de mettre en valeur leurs points de vue personnels, leurs capacités d'analyse et leurs compétences de cadres du ministère de l'Intérieur :

– le jury est présidé par un membre d'un grand corps extérieur au ministère ce qui garantit, si besoin était, son indépendance ;

– le jury comprend un membre d'un corps d'inspection extérieur au ministère ayant une aptitude particulière pour évaluer les services et leur gestion ;

– le ministère de l'Intérieur est représenté par un ou deux cadres supérieurs connaissant son organisation.

Le candidat doit réfléchir sur :
- les postes occupés en catégorie A ;
- les missions de son administration et de son service ;
- l'organigramme et sa signification ;
- les partenaires de son service ;
- le bilan d'activité des services où il a exercé ses fonctions ;
- les évolutions et les réformes qu'il a connu.

L'épreuve de motivations professionnelles

☞ *La motivation professionnelle fait le lien entre les connaissances initiales, l'expérience administrative et la volonté de promotion interne du candidat.*

Le concours interne d'accès aux IRA comprend une épreuve de conversation avec le jury (25 minutes) visant à ***apprécier la personnalité, les aptitudes et les motivations professionnelles***, l'exposé sur l'expérience administrative (d'une durée de 10 minutes au plus) est suivi par des questions relatives aux connaissances administratives du candidat. Sans que celles-ci revêtent, bien sûr, un caractère exhaustif, voici des exemples de thèmes abordés lors de la session 2002.

a) Les politiques publiques

☞ *Bien suivre les réformes en cours et les projets débattus.*

- La France : un État unitaire décentralisé avec des situations particulières.
- La bonne gouvernance, la notion de service public et la réforme de l'État.
- La sphère publique et l'initiative privée.
- La formation des élus.
- L'aménagement du territoire.
- La politique de la ville.
- L'outre-mer.
- La mise en valeur du patrimoine culturel.
- La sécurité routière.
- Les missions civiles de l'armée.
- Le système bancaire et les caisses d'épargne.

– Les nouvelles technologies, Internet et le courrier électronique.

b) Les institutions et les structures administratives

☞ ***Attention aux connaissances juridiques qui sont aussi de la culture générale !***

– Les articles 34 et 37 de la Constitution.

– Les modes de scrutin.

– Le juge judiciaire.

– La justice administrative.

– La Cour des comptes et les chambres régionales des comptes.

– Les compétences du maire et du préfet.

– Le Conseil général.

– Les universités.

– La Poste et France-Télécom.

– L'autorité régulatrice des télécommunications (ART).

– Les agences régionales d'hospitalisation (ARH).

– Les groupements d'intérêt public (GIP).

– La bibliothèque nationale de France (BNF).

c) Les agents publics

☞ ***Un cadre B et, à plus forte raison, un cadre A, sont appelés à gérer ou à encadrer des agents.***

– Le statut de la Fonction publique.

– Les obligations du fonctionnaire et les sanctions.

– Les emplois précaires dans la Fonction publique.

– Le droit de grève.

– La gestion des ressources humaines.

– La hiérarchie.

– La titularisation.

– L'entretien d'évaluation.

– La notation.

– Les indemnités.

– La mobilité.

– L'aménagement de la réduction du temps de travail (ARTT).

d) Les procédures administratives

☞ ***Ne pas négliger non plus les finances publiques...***

– La loi organique sur les lois de finances (LOLF).

– Le contrôle des collectivités territoriales.

– Le contrôle juridictionnel des comptables publics.

– Les marchés publics.

– L'urbanisme commercial.

– L'orientation des élèves.

– Le rapport de la Cour des comptes.

e) Les mises en situation

☞ ***Même si la situation est virtuelle, le jury attend un effort réel d'implication.***

– Comment diriger un service et des agents ?

– Comment sanctionner un agent ?

– Que faire si un stagiaire persiste dans ses retards ?

– Que faire si une erreur est commise suite à la délégation de sa signature ?

– Faut-il répondre à des journalistes ?

– Que faire dans le cas d'une photo d'identité montrant une personne voilée ?

– Que peut faire l'agent comptable si le chef d'établissement passe une commande manifestement indue ?

f) L'actualité et l'histoire

☞ ***Tout peut arriver ou presque ! Au candidat de raviver et d'entretenir ses connaissances.***

Quelques thèmes qui durent...

– La démocratie.
– La mondialisation.
– Le pouvoir.
– Les présidents de la République.
– Les élites.
– Les médias.
– La sécurité.
– Le conservatisme.
– La transparence.
– Le rôle de l'école.
– L'enseignement de l'Histoire.
– Le droit à la différence.
– La parité hommes-femmes dans la vie politique et professionnelle.
– Les inégalités.
– Les syndicats.
– La couverture maladie universelle (CMU).
– Les retraites.
– Le temps libre.
– Le cinéma.
– La commission européenne.
– Les relations franco-allemandes.
– La prédominance des États-Unis.
– L'organisation du traité de l'Atlantique Nord (OTAN).
– Le tribunal pénal international (TPI).

La préparation de l'épreuve et le plan

CHAPITRE 3

1 La préparation

L'impératif temps

☞ *Pour être pertinente, la mobilisation des connaissances doit être méthodique et non intuitive.*

L'épreuve de conversation revêt un caractère paradoxal. Épreuve à plus fort coefficient de l'admission, elle se joue dans un temps relativement bref allant de 10 à 30 minutes sans que le candidat n'ait la sécurité d'un programme alors que le jury dispose d'une grande latitude pour le questionnement.

L'impératif temps est à prendre en compte lors des deux phases de l'épreuve :
– pendant la préparation solitaire du sujet tiré ;
– durant l'épreuve proprement dite ; exposé puis réponses aux questions.
Une des difficultés de l'épreuve de conversation est donc de mobiliser rapidement ses connaissances.

Le choix des sujets

☞ *L'appel à l'actualité est un moyen sûr pour mobiliser ses connaissances.*

S'agissant de l'épreuve de conversation, le jury choisit, en amont, les sujets parmi lesquels le candidat effectuera un tirage. ***Suivant les concours, le sujet peut se présenter sous trois formes :***

– un texte long extrait d'un livre ou d'un périodique ;

– un texte court également sous la forme d'un extrait, d'une citation, d'une affirmation ou d'une question ;

– un mot ou encore une expression laconique.

Certains concours permettent de choisir entre deux de ces formules. Les sujets proposés par les membres du jury sont discutés, comparés, épurés, le cas échéant, avant d'être homogénéisés et mis en forme. Les sujets de conversation sont régulièrement actualisés. Toutefois, dans certains concours, le sujet tiré est récupéré par le jury à la fin de l'épreuve afin de pouvoir être réutilisé pendant la session.

La difficulté de trouver des sujets nouveaux et le formatage des thèmes réduisent, dans les faits, la variété des sujets. Ce qui peut être interprété comme un conformisme voire une routine du jury est un atout pour le candidat.

> Outre des connaissances fondamentales déjà testées à l'épreuve écrite de dissertation du concours externe, les sujets sont liés à l'actualité politique, économique, sociale et culturelle. Quand cela n'est pas le cas, c'est le mode de traitement du sujet qui impose de faire appel à cette actualité.

■ *L'analyse et la problématique*

a) L'analyse du sujet

☞ ***L'exposé évitera de dissocier artificiellement l'analyse qui se voudrait objective du commentaire qui n'est jamais entièrement personnel.***

Le candidat doit successivement et rapidement :

– analyser le sujet ;

– dégager une problématique ;

– enfin, construire un plan simplifié.

Dans les faits, ces phases se recoupent en se déduisant les unes des autres.

L'analyse commentée du texte représente environ la moitié du temps de l'épreuve de conversation. En général, dix minutes sont dévolues à cet exercice. Suivant les concours, le minutage de l'épreuve est plus ou moins strict. Rien n'empêche le président du jury d'interrompre le candidat dès la sonnerie d'un minuteur... Cependant, il est d'usage de laisser le candidat achever au moins sa phrase. Dans cet intervalle, le jury n'intervient pas sauf exception : élocution difficilement audible, candidat troublé ou encore hors-sujet manifeste que le jury voudrait aider le candidat à corriger pendant qu'il est encore temps. Le candidat est donc maître de son exposé, qu'il s'agisse de son contenu, de sa présentation et de son rythme.

L'analyse du sujet, quelque soit sa forme, texte, phrase ou question, comprend plusieurs étapes qui ne doivent pas être improvisées. Une fois le sujet lu attentivement, le candidat peut se poser les cinq questions suivantes :

- *Le sujet comporte t-il des points de repères ?*

Ceux-ci peuvent ne pas exister ; le sujet étant anonyme. Un titre ou la source, une date, le nom et la qualité de l'auteur constituent l'ébauche d'une piste de réflexion.

Attention toutefois à un titre sans rapport avec le sujet, à une date non significative et à un auteur inconnu... Le contenu du sujet est toujours plus important que ses références.

- *Quelle est la nature du sujet ?*

Rappelons que la culture générale est, par essence, pluridisciplinaire. Aucun sujet ne doit être traité de manière académique au travers d'une seule discipline. Le candidat doit s'appuyer sur ses connaissances universitaires ou scolaires en enrichissant sa réflexion par son expérience personnelle voire professionnelle.

Il convient de situer la nature du sujet :
– *purement philosophique, littéraire ou culturel :* cette situation est rare s'agissant de culture générale. Cependant les notions morales, éthiques ou religieuses affleurent dans de nombreux sujets ;
– *à tendance sociologique ou psychologique :* c'est le cas des sujets qui abordent les questions de société ; encore que ce terme vague renvoie le plus souvent au débat politique ;
– *proche de questions politiques, économiques ou sociales :* la plupart des sujets sont de ce type. Ils font indirectement appel aux sciences politiques et administratives, au Droit et à l'Economie ;
– *à vocation internationale :* en se combinant avec les précédents thèmes, ce genre de sujet, plus difficile, impose une approche comparative et évolutive qui requiert la mobilisation et la mise en perspective de toutes ses connaissances.

• *Quel est le fil conducteur du sujet ?*

Le sujet est à assimiler avant tout commentaire. S'il s'agit d'un texte, court ou long, des mots essentiels apparaissent sous forme d'un maximum de deux ou trois idées structurantes qui doivent être isolées, reliées et comparées. Dans le cas d'un mot, d'un groupe de mots ou d'une question, le repérage des articulations est plus facile. Lorsque l'intitulé est laconique, il convient d'envisager ***les enjeux*** du sujet.

• *Quels sont les arguments avancés ?*

Les exemples, s'il y en a, confirment la thèse du sujet. Pour entamer et alimenter une analyse personnelle du sujet, il est conseillé de rechercher des contre-exemples infirmant le point de vue du texte.

• *Le sujet est-il critiquable au fond, en opportunité ou dans son libellé ?*

Cette question est la conséquence des précédentes. Elle clôt l'analyse stricto sensu et amorce le commentaire qui prend position. En réalité, ces deux séquences sont simultanées.

b) Le choix de la problématique

☞ ***Cet effort de mise en perspective s'oppose à la narration événementielle qui débouche sur l'anecdote.***

Le sujet ne doit pas faire l'objet d'une analyse sémantique ou littéraire. L'extrait, l'affirmation ou la question ne sont qu'un prétexte pour poser une problématique. L'analyse doit être dynamique : origine du thème, évolution du sujet et débats en cours. L'approche statique doit être bannie : simple description des faits ou énoncé d'appréciations dépourvues d'arguments.

2 Le plan

■ *Un exercice personnel*

☞ ***Un plan compliqué ne saurait être clairement développé à l'oral et le jury risque de ne pas pouvoir en apprécier la subtilité.***

La conception du plan est une étape redoutée et obligatoire. Elle est d'autant plus appréhendée que les candidats y sont peu préparés. Si le plan est obligatoire lors de l'épreuve de conversation, il doit néanmoins éviter tout fétichisme ou formalisme excessif.

Le plan structure des idées ou des thèmes qui se complètent ou s'opposent. La nécessité d'une progression logique qui découle du sujet exclut donc tout plan impersonnel ou préfabriqué. Il s'agit d'un travail d'ajustement rapide, qui doit répondre au sujet et correspondre aux idées-forces qui ont été relevées.

Le plan doit être précis, logique et équilibré, car :
- il privilégie un angle d'analyse du sujet ;
- il délimite les idées retenues ;
- il classe et hiérarchise ces idées ;
- il propose une vision panoramique et nuancée d'une question.

Le plan n'est ni un exercice de style, ni une transmutation inexplicable. Il traduit l'interprétation opérationnelle qui est faite du sujet.

Si les combinaisons d'idées sont multiples, le plan n'en est pas pour autant un inventaire numéroté. Il est limité à deux ou trois parties, elles-mêmes dotées de sous-parties. Il n'est pas nécessaire d'aller au delà à l'oral. Le passage d'une partie à une autre ou d'une sous-partie à la partie qui suit est précédé d'une phrase d'annonce qui fait fonction de transition.

Cette limitation est une sécurité pour le rédacteur qui serait tenté par les reformulations ou des parties interchangeables ou qui, à l'inverse, s'avérerait incapable de développer l'ensemble de son plan.

Mise en condition

☞ *Plusieurs questions évitent le hors-sujet et permettent d'anticiper sur les interrogations du jury.*

Quelque soit le sujet, des interrogations tous terrains permettent de stimuler la conception du plan :

• *Recherche de la situation :*

– Qui ?

– Quoi ?

– De quoi s'agit t-il ?

• *Recherche d'opportunité :*

– Quand ?

– Où ?

– Comment ?

• *Recherche de causalité :*

– Pourquoi ?

– Avec qui ?

Ce balayage rapide des diverses facettes du sujet est déterminant. Il évite le hors-sujet, oriente la mobilisation des connaissances et génère l'esquisse de ce qui va devenir le plan.

La mise au point du plan

☞ ***Le plan n'est pas qu'un affichage : il ne vaut que par son contenu.***

Les idées une fois identifiées, le plan se construit de manière empirique.

Une première esquisse ébauche les deux ou trois parties en vérifiant le lien logique qui les unit. Ce lien (idées qui se complètent ou s'opposent) est indispensable ; il constitue le fil conducteur du devoir.

Les sous-parties sont ensuite préparées. Elles déclinent les parties. Le cas échéant, l'intitulé des parties est alors revu afin d'être élargi ou précisé. Dans le même ordre d'idées, la permutation de l'intitulé des parties et des sous-parties peut être envisagée.

En fait, il s'agit de procéder par hypothèses et ajustements avant de figer le plan retenu, étant entendu que celui-ci ne pourra plus être modifié lors de l'exposé. Le plan annoncé doit être développé de manière conforme.

Avant de confirmer le plan, il convient de vérifier :

– que les contenus des parties et des sous-parties ne sont pas interchangeables (défauts : plan passe-partout ou plan taillé trop large) ;

– que les contenus ne se recoupent pas (défaut : plan taillé trop serré) ;

– qu'il y a matière à développer chaque subdivision (défaut : plan déconnecté du recueil des idées).

Plans à personnaliser

☞ *Chaque sujet et à chaque candidat suscite un plan différent.*

Il n'y a pas de plan unique mais des plans adaptés aux capacités de développement du candidat.

En cas de difficultés seulement, la réflexion peut être confortée en faisant appel à des plans conceptuels qui seront nécessairement adaptés au sujet sous peine d'être artificiels, décrochés de l'analyse voire contradictoires avec la teneur de l'exposé.

- *Plans en deux parties*

Leur efficacité et leur rythme binaire rassurent les candidats qui veilleront à ***nuancer*** leurs propos.

– Cause/conséquence.

– En amont/en aval.

– Condition/effet.

– Structure/fonction.

– Fonctionnement/enjeu.

– Réalité/image.

- *Plans en trois parties.*

Plus traditionnels, ces plans sont aussi ***plus risqués*** dans la mesure où ils sont plus difficiles à bâtir et plus longs à développer.

Thèse/antithèse/synthèse.

Le plan dialectique a une efficacité éprouvée. Toute la difficulté est concentrée dans la synthèse qui ne doit pas revenir sur les deux premières parties ni déboucher sur une position intermédiaire, souvent empreinte d'hésitation.

– Principe/exception/aménagement.

Ou encore la combinaison d'éléments des plans en deux parties précités.

– Origine/évolution/conjoncture.

Ce plan, simple habillage du plan chronologique, est à enrichir par des sous-parties plus incisives.

La mise en valeur du plan

☞ ***Le candidat doit s'attendre à ce que tout doute du jury sur la validité du plan joue en sa défaveur.***

Le plan traduit la cohérence interne d'une démarche d'analyse. Cette cohérence est primordiale, mais elle ne suffit pas.

Dans une optique concours, le plan doit être mis en valeur à l'issue de l'introduction sous forme de phrases claires et, si besoin est, reformulé, de façon à ce que le jury puisse d'emblée apprécier sa consistance avant d'écouter les développements de l'exposé.

Plans à éviter

☞ ***Un plan automatique est un plan sans valeur ajoutée.***

Sont à éviter les plans purement descriptifs, les intitulés trop généraux, les assemblages d'idées et les approches techniques ou polémiques.

Parmi les plans fourre-tout ou dangereux à proscrire, on peut citer :
– *le plan chronologique* (avant/après) qui, trop descriptif, néglige l'explication ;
– *le plan manichéen* (le pour/le contre) qui oblige à reformuler les mêmes idées sous deux angles différents ;
– *le plan par inclusion* où les parties et les sous-parties se chevauchent et s'entrecroisent, la même idée étant tantôt primordiale, tantôt subsidiaire.

Exemples de plans simplifiés

☞ ***Le contenu des plans doit être considéré comme un argumentaire possible.***

Les plans simplifiés proposés illustrent ce que peut être le fil conducteur d'un exposé. ***Ils ont, bien sûr, un caractère indicatif.***

Le sujet a été formulé par une question incitant le candidat à formuler un avis personnel. Le libellé pourrait être différent (affirmation, citation ou extrait) sans que cela ne change rien au plan si ce n'est l'introduction et, dans les développements, la référence explicite au texte servant de support à la réflexion du candidat.

a) Thèmes des plans

1 – Le bonheur.

2 – La nation.

3 – Les libertés.

4 – Centralisation et décentralisation.

5 – Les jeunes et la vie politique.

6 – Le corps.

7 – La famille.

8 – Les personnes âgées.

9 – Le cadre de vie.

10 – Publicité et défense du consommateur.

11 – La défense.

12 – Agressions et défis.

b) Liste des plans

☞ *Les douze plans proposés traduisent une mise en forme rapide de l'exposé qui sera ensuite plus ou moins développé lors de l'oral.*

Thème 1. – Le bonheur
« Que signifie, selon vous, le Bonheur dans notre société ? »

Introduction

• Les différentes formes de bonheur (un idéal collectif de la démocratie ou un équilibre personnel ?).
• Un notion subjective (personnelle) mais dont les effets sont mesurables dans la vie politique et sociale (programmes des partis et des syndicats – associations).

I - La quête du bonheur économique

a) La course à la croissance

• Depuis 1945 : la reconstruction (1945/1960), l'expansion (1960/1973), la crise (1974/1995), la relance (depuis 1995)...
• Développement des logements sociaux, des équipements collectifs, du pouvoir d'achat...

b) La consommation

• Les priorités : l'habitat, les loisirs, l'éducation, la Culture...
• Une « société d'assistés » (protection sociale, fonctionnarisation...) qui table uniquement sur la productivité ?
• Déclin des valeurs traditionnelles du bonheur ? (évolution de la famille et de la vie urbaine).

II - La remise en cause du bonheur social

a) La crise économique

• 1973 (le premier choc pétrolier), 1979 (le deuxième : chômage, inflation, récession), 1980 (la nouvelle pauvreté)...
• Vers une « nouvelle croissance » réduisant les inégalités et intégrant les « exclus » du bonheur ?

b) Les nouvelles valeurs

• Les signes : « Mai 68 », premier rapport du club de Rome (1974) ; la France souffre-t-elle d'une croissance désordonnée ?
• Les conséquences : vers un bonheur qualitatif (consommation), retrouver ses racines (régionalisme), préserver son cadre de vie (écologie), développer la participation (35 heures et vie associative)...

Conclusion

• Des inquiétudes : montées et conflits des intérêts socioprofessionnels ;
• Limite de la notion : les pays industrialisés veulent-ils rationaliser le Bonheur ?

Thème 2. – La Nation
« Que signifie, selon vous, les éléments constitutifs d'une nation ? »

Introduction

- Le problème doctrinal (nationalisme et internationalisme).
- La construction d'une nation (les étapes, selon vous).

I - Les éléments statiques

a) Un territoire

- Le cadre institutionnel (les formes de l'État).
- Exemples d'actualité… (y a-t-il des nations qui ne disposent pas d'un État et des États regroupant plusieurs nations ?).

b) Un peuple

- La diversité.
- Le rôle de l'État.

II - Les éléments dynamiques

a) Un patrimoine commun

- Les mythes.
- La culture.

b) Une volonté de vivre ensemble

- Les dangers de l'ethnisme et du communautarisme.
- Les nationalismes (évolution du XIX au XXe siècle).

Conclusion

- Vers la fin de l'État-nation ?
- Europe et mondialisme : vers l'affrontement ?

Thème 3. – **Les libertés**
« Que pensez-vous, de l'importance donnée aux libertés dans nos sociétés contemporaines ? »

Introduction

- La nature des relations citoyens/État (suivant les régimes politiques).
- La réponse démocratique : légalité et civisme.
- Évolution du thème depuis 200 ans (« 1789 »).

I - La transformation des libertés

a) Le développement des libertés réelles

- Rôle du marxisme (1848) et du socialisme.
- Domaines : travail, association et réunion, culte, droits sociaux.

b) L'impact du « collectif »

- Le rôle des relais (mass-médias, partis, syndicats).
- Le cas des minorités.

II - La protection des libertés

a) L'intervention croissante des pouvoirs publics

- Au plan économique et social.
- Légiférer ou faire pression ? (information, subvention…).

b) L'idéologie des droits de l'Homme

- Son développement : une valeur très politique.
- Les atteintes : du contrôle de l'information à la violence institutionnalisée.

Conclusion

- Un problème qui dépasse les clivages politiques ;
- Vers des sociétés plus humaines ou plus inhumaines ?

Thème 4. – Centralisation et décentralisation
« En France, vaut-il mieux, selon vous, centraliser ou décentraliser l'État ? »

Introduction

- La France : un État ancien mais fragile.
- Une tradition centralisatrice qui doit se concilier avec des apports diversifiés.

I - La France a eu besoin d'un pouvoir centralisé pour se construire

a) L'emprise administrative

- Contre les féodalités.
- Pour délimiter le territoire national.

b) L'uniformisation culturelle

- L'éducation républicaine.
- Paris et le « désert français ».

II - La France a aujourd'hui besoin d'un pouvoir décentralisé pour se perpétuer

a) Développer les responsabilités locales

- Décentralisation, droit à l'expérimentation et proximité.
- La rivalité de trois cercles : commune (quartier ?), département et région.

b) Favoriser les différences

- L'aménagement du territoire.
- La renaissance des cultures locales.

Conclusion

- Pour une administration plus proche des Français.
- Un citoyen mieux enraciné dans une République régionalisée ?

Thème 5. – Les jeunes et la vie politique
« Quel rôle jouent, selon vous, les jeunes dans la vie politique française ? »

Introduction

- La jeunesse ; qu'est-ce que c'est ? (définition par l'âge, l'économie, la psychologie).
- La jeunesse a-t-elle une conscience collective ?

I - Une opposition traditionnelle mais des engagements nouveaux

a) Perception de la vie politique

- Le concept de la jeunesse (novation – responsabilités).
- Une attitude d'intransigeance et de refus (dans les partis).

b) Domaines de réflexion

- La vie économique et sociale (formation – emploi…).
- Une remise en cause plus fondamentale (prolongements de mai 68 ? – société duale ?).

II – Un impact sans précédent dans la vie politique d'aujourd'hui

a) Participation à la vie politique

- Le droit de vote (influence).
- Les élus (décrochage ?).

b) Rôles indirects

- Par sa masse.
- Grâce à la mythologie qui l'entoure (jeunisme).

Conclusion

- La jeunesse se défie-t-elle des maîtres à penser et des idéologies ?
- Y a-t-il des valeurs propres à la jeunesse ?

Thème 6. – Le corps
« Selon vous, peut-on disposer librement de son corps ? »

Introduction

- Opposition de deux morales : laïque et religieuse.
- La réponse scientifique est incomplète (concepts de vie et de mort discutés).
- La réponse est la plus souvent politique (une cause).

I - Le droit de maîtrise du corps

a) La contraception

- 40 % des femmes de 18 à 45 ans utilisent des moyens contraceptifs.
- Un problème psychologique, culturel et social lié à l'émancipation de la femme.
- Un acte volontaire (loi NEUWIRTH – 1967).

b) L'interruption volontaire de grossesse

- 200 000 I.V.G. en 2001 en France (loi VEIL + clandestines).
- Les limites de la loi de 1975.
- Un constat d'échec le plus souvent même si les causes peuvent être diverses.

II - Le droit à la possession du corps

a) L'euthanasie

- Un problème longtemps voilé par les médecins eux-mêmes.
- « *Exiger d'un être vivant qu'il reste vivant contre sa volonté alors que la signification même de sa vie a disparu, est cruel et barbare*» (Humanist Association – 1985).

b) Les greffes et dons d'organes

- Une conséquence du progrès médical (cf. reins, cœurs, tissus, membres…).
- Les lois bioéthiques de 1994 : répondre à l'urgence et à la souffrance en respectant le corps.

Conclusion

- Le juridisme peut heurter la conscience et faire échec à l'urgence.
- Un problème de conscience, d'éducation, de civisme et de solidarité.

Thème 7. – La famille
« Qu'est-ce que la famille, selon vous ? »

Introduction

- Un héritage ou une création ?
- Crise et renouveau.

I - Fonctions et explications

a) Fonctions

- Fonction biologique (reproduction).
- Fonction sociologique (intermédiaire dans le processus de la socialisation).
- Fonction économique (unité de base de consommation).
- Fonction morale (épanouissement et enrichissement réciproque, transmission de valeurs).

b) Quelques explications

- Religieuses (les dix commandements – cellule morale).
- Républicaine (apprentissage du contrat social).
- MARX (instrument de perpétuation d'une domination, entretien et reproduction de la force de travail).
- Libérale (formation et concertation).
- MAURRAS (cercle de base).

II - Évolution et remise en cause

a) Son évolution et ses causes

- De la famille intergénérations à la famille mononucléaire recomposée.
- Primat du couple sur la famille (entente conjugale).
- Exclusion progressive des aïeux (« charge » – habitat).
- Indépendances des collatéraux (contre-exemple de la famille africaine).
- Influence du système éducatif obligatoire (« temps familial » restreint).
- Baisse de la majorité civile (mais augmentation de la dépendance économique des enfants).
- Autorité parentale succédant à la « puissance paternelle ».

b) Des tentatives de « remise en cause » de la famille
Quelques exemples

- PLATON et la société idéale.
- PROUDHON et les phalanstères de l'Utopie.
- L'expérience éphémère de la jeune URSS (suppression du mariage).

• Mai 68 (sous son aspect de conflit de générations mais aussi « révolte contre le père » : le général DE GAULLE).

Conclusion

• La famille reste un repère fondamental dans nos sociétés.
• Les politiques publiques s'appuient sur ce fait sociologique qui fonde la cohérence sociale.

Thème 8. – Les personnes âgées
« Comment peut-on, selon vous, caractériser la notion de personnes âgées en France ? »

Introduction

- Importance croissante (8 millions de plus de 65 ans dont 5 millions de femmes, sur 56 millions de français).
- Qu'est-ce qu'une personne âgée ? (le troisième âge).
- Quel est son rôle familial, social et économique ?

I - La coupure psychologique

a) L'exclusion

- La retraite (devenir « inactif »).
- L'inadaptation (« la vie moderne »).

b) L'isolement

- Le repli sur soi (absence de futur, nostalgies).
- La détresse (diminution des ressources, de l'autonomie).

II - La ségrégation sociale

a) Les solutions traditionnelles

- Le déracinement (exclusion et placements).
- L'hospitalisation (une déviation).

b) Les nouvelles formes d'aide

- Le maintien à domicile (familles et associations).
- Les diverses formes de réinsertion (activités sociales et culturelles).

Conclusion

- Pour un retour à la famille « inter-générations ».
- Anticiper sur la vieillesse (préparation).
- Un problème de solidarité.

Thème 9. – **Le cadre de vie**
« Comment peut-on, selon vous, améliorer le cadre de vie ? »

Introduction

- Une notion nouvelle qui succède à l'ère du « quantitatif »
- Un débat multiforme : des aspects techniques mais aussi politiques (les partis environnementalistes)

I - Aménager les espaces (cadre statique)

a) L'urbanisme

- L'opposition vie urbaine / vie rurale.
- Les agglomérations (tailles comparées).
- L'opposition habitation individuelle/habitat collectif.

b) Les « aires communautaires »

- Les équipements collectifs.
- Leurs problèmes : des crèches aux transports…

II - Promouvoir une qualité de vie (cadre dynamique)

a) La consommation

- Réduire les inégalités.
- Défendre le consommateur.

b) Les loisirs et la culture

- Temps libre et loisirs créatifs.
- Faciliter l'accession à la culture.

Conclusion

- Les limites de la notion : cadre de vie et crise économique…
- Une notion propre aux sociétés post-industrielles ?

Thème 10. – Publicité et défense du consommateur
« Selon vous, les notions de publicité et de défense du consommateur s'opposent-elles ? »

Introduction

- La publicité découle de la libre concurrence et du pouvoir d'achat ; elle en est l'intermédiaire obligé
- Le débat : brûle-t-on ce qu'on a adoré ?

I - Le procès intenté

a) Du conditionnement

- Irrationnel (« abêtissement », rôle de l'enfant…).
- Mensongère et partiale.
- Caractère artificiel.

b) De son inefficacité

- Renchérit le prix du produit.
- Stérilise l'innovation authentique.

II - La lutte d'influence

a) Son enjeu : les médias

- La publicité les fait vivre directement (50 % des recettes d'un quotidien).
- D'où le dilemme : informer ou survivre…

b) Un contre-pouvoir : les associations

- Développement important depuis 30 ans à la suite des États-Unis.
- Résultats : interdictions, contrôles (I.N.C., B.V.P.), grève du consommateur, boycott…

Conclusion

- La crise de confiance des consommateurs provoque de nouveaux comportements : rationalisation des productions – primat du qualitatif – principe de précaution et traçabilité.

Thème 11. – La Défense
« À quoi servent, selon vous, les armées ? »

Introduction

• Le constat : la permanence et l'universalité des forces armées.
• Historiquement : les sociétés se construisent souvent autour de la fonction militaire, émanation du « Prince ».
• En régime démocratique : du civisme à la défense de la Patrie.

I - Préserver l'indépendance de la Nation

a) La souveraineté

• Un attribut essentiel : les forces armées garantes de l'inviolabilité et de la sécurité du territoire.
• Ses limites : la mondialisation, les agressions économiques, la division nationale…

b) L'influence

• Prolongement mais aussi dans certains cas, soubassement de la diplomatie.
• Buts : préserver sa zone d'influence, mise en œuvre des alliances, rôle dissuasif.

II - Défendre les libertés personnelles

a) La participation

• Les avantages comparés de l'armée de métier, du volontariat, du service militaire ou du service civil.
• Les éléments du choix : budget, volonté de défense…

b) La liberté d'expression

• La société militaire a-t-elle ses règles propres ?
• Effets : importance des valeurs militaires, problèmes des partis, des syndicats, de la justice militaire, de l'antimilitarisme et de l'objection de conscience…

Conclusion

• Passage de l'armée du prince à l'armée nationale des citoyens puis à l'armée technicienne.
• Dans une société non démocratique, la fonction militaire s'hypertrophie-t-elle ?
• Dans une société d'abondance, la fonction militaire est-elle condamnée à dépérir ?

Thème 12. – Agressions et défis
« Quels sont, selon vous, les agressions et les défis auxquels la France devra faire face dans les années qui viennent ? »

Introduction

- Aujourd'hui : une période de remise en cause (libéralisme) et de bilan (socialisme).
- De nombreuses options (dénonciation de la mondialisation – grande Europe et souverainisme…).
- Cette hésitation se manifeste dans deux domaines.

I - Les atteintes à la souveraineté

a) Aspects politiques

- Les institutions menacées par les partis et les groupes de pression.
- La France face aux grandes puissances et aux nouveaux pays industrialisés.

b) Aspects économiques et sociaux

- La mondialisation.
- Le recul de l'État, l'endettement et les critères de l'Union.

II - Les menaces pour les libertés

a) La bureaucratie

- Le citoyen face à l'administration.
- Les libertés et l'informatique (NTIC).

b) La consommation

- La persistance des inégalités (les exclus).
- Des menaces (retraites, protection sociale, démographie).

Conclusion

- Remise en cause des valeurs sociales du XIXe siècle ?
- Épuisement des mythes ou nouvelle croissance ?

L'exposé

CHAPITRE 4

1 Conseils pratiques

Les usages

☞ *Les usages sont importants. Cependant, quelque soit son anxiété, le candidat ne doit pas exagérer la solennité du moment.*

Le tirage du sujet est effectué par le candidat devant le jury ou en présence du secrétaire du jury agissant pour le compte du président. Dans le premier cas, il est introduit par le secrétaire du jury ou un agent dans la salle où se déroulera l'épreuve. Ayant salué sobrement le président du jury et ses membres puis décliné son nom et son prénom, le candidat tire un sujet imposé ou deux sujets, à charge pour lui d'en choisir un immédiatement. Dans le second cas, le tirage et le choix sont effectués hors de la salle en présence du secrétaire du jury ou d'un agent qui agissent pour le président du jury qui est ensuite prévenu.

Ceci fait, le candidat va préparer son sujet, sans aucun document si ce n'est du papier vierge, dans une salle proche de celle de l'épreuve.

À l'expiration du délai de préparation et souvent avec un léger décalage que le candidat peut mettre à profit dans l'antichambre de la salle de l'épreuve, celui-ci est introduit à nouveau dans la salle de l'épreuve. Les salutations sont alors réduites tandis que le président invite le candidat à s'asseoir, ce qu'il doit faire, face au jury, en utilisant tout le siège, les mains sur la table, dans une position d'attente et de confiance.

Suivant la configuration des lieux et le nombre de membres du jury, le jury est positionné de face ou en léger arc de cercle autour du candidat. Le président siège au milieu du jury. Le candidat est éloigné de deux à cinq mètres du jury et installé derrière une table simple ou drapée. Ne disposant tout au plus que de ses notes, pour mémoire, et d'un stylo, surtout pour l'assurance, le candidat peut également enlever sa montre pour vérifier, si besoin est, le temps imparti pour l'exposé.

Le président est chargé de rappeler brièvement au candidat les conditions de l'épreuve, temps de l'exposé et du questionnement, avant d'inviter le candidat à s'exprimer. Le sujet, connu du jury, n'a pas à être rappelé. Si le candidat se trouble, parle indistinctement, dépasse le temps imparti ou est manifestement hors-sujet, le président peut l'aider à se reprendre, l'inviter à conclure voire le couper, si nécessaire.

À l'issue de l'exposé, le président pose les premières questions sauf à ce qu'un membre du jury ne souhaite interroger de suite le candidat ou que le jury n'est convenu auparavant d'une répartition des questions. Ainsi, des jurys pourront choisir un rapporteur pour chaque candidat tandis qu'un autre membre du jury sera observateur.

Bien sûr, un jury qui fonctionne bien permet au candidat de mettre en valeur ses points forts en exploitant mieux le temps imparti et les pôles d'intérêt du jury.

Afin de respecter le principe d'égalité et d'éviter toute contestation ou recours, le président met fin à l'épreuve en se calant aussi précisément que possible sur la durée impartie ce qui n'empêche pas le candidat de terminer sa phrase voire d'achever sa pensée. Le candidat prend alors congé du jury avec simplicité.

> Tous les membres du jury peuvent questionner le candidat mais il peut très bien arriver qu'un membre du jury pose à lui seul l'essentiel des questions ou n'en pose aucune... Le candidat n'a pas à s'en formaliser. Sans incidence sur la notation, cette répartition des rôles ne préjuge en rien de la collégialité de la décision.

■ *Se libérer de l'écrit*

☞ ***Les notes doivent être facilement repérables afin d'éviter toute confusion pendant l'exposé.***

Le plan est un guide et les notes une base. L'exposé consiste à développer le plan tout en amplifiant ces notes. Bien sûr, le candidat ne doit pas être prisonnier de son plan ou encore moins lire ses notes. Il s'agit de présenter les articulations de l'exposé puis de mettre en scène les idées et les exemples de façon attractive.

L'exposé n'est donc pas rédigé ni lu. Il est effectué sur la seule base des notes brèves et lisibles prises pendant la préparation du sujet.

■ *L'ambiance concours*

☞ *À chacun son rôle : secrétariat du jury, candidat et concurrents…*

– C'est le secrétariat du jury et non le jury qui vérifie préalablement l'identité des candidats.
– Éviter les « révisions de culture générale » du dernier instant à l'exception de l'actualité du moment…
– Ne pas arriver trop en avance mais prévoir d'attendre, le jury prenant souvent du retard dans son premier échange de vue entre chaque candidat.
– Ne pas se laisser intoxiquer par les commentaires des candidats passés auparavant. La nécessaire entraide ne doit pas faire oublier qu'il s'agit d'un concours !

2 Faiblesses et atouts

■ *Concours externes*

☞ ***Les candidats admis ont su profiter des questions du jury pour montrer, avec nuance, leurs convictions et leurs différences.***

Lorsqu'ils sont rendus publics, les rapports de jury de conversation relèvent d'abord des lacunes tenant aux connaissances :

– culture générale superficielle, instantanée et sans ancrages ;

– une approche stéréotypée de l'actualité ;

– un environnement professionnel, projet ou expérience, méconnu.

Faute de références et de curiosité, de nombreuses prestations laissent au jury l'impression que les candidats sont déracinés, en apesanteur, subissent leur environnement en quelque sorte.

Les jurys soulignent également les méfaits de l'abstraction, le refus d'argumenter et une faible combativité dans une épreuve où rien n'est acquis c'est-à-dire ou chacun a ses chances.

Se perdre dans les considérations générales (*De tous temps et en tous lieux…*) en négligeant les réalités est une tentation fréquente. La problématique est soigneusement évitée ou contournée (*La question n'est pas là…*). La langue de bois et la caricature ne sont alors pas loin de l'analyse.

S'en remettre à la mode (*c'est vrai que…*), chercher à tout prix l'impossible consensus (*La majorité des gens pense que…*) par une réponse médiane (*En fait, toutes les solutions sont possibles…*) et plaquer des réponses toutes faites sur des questions qui appellent la nuance traduisent déjà une faible volonté d'engagement.

L'oral de conversation laisse entrevoir la personnalité et les qualités de caractère des candidats :
– tendance à être trop sûr d'eux ; le jury devant couronner leurs mérites ;
– ambiance pesante et refus du dialogue : c'est le moral du vaincu ;
– renoncement dans les situations difficiles alors que ces dernières montrent l'opiniâtreté du candidat ;
– recours à des faux-semblants, à des tergiversations et à des astuces qui ne trompent pas le jury ;
– indifférence aux réactions du jury alors que celui-ci cherche le plus souvent à permettre au candidat de s'épanouir.

■ Concours internes et examens de sélection professionnelle

☞ ***Les jurys des concours sont, en principe, publics. Dans le cadre d'une préparation longue, il est conseillé de demander l'autorisation d'assister à la prestation de quelques candidats l'année précédente.***

Dans les exposés, on note :

– une simple description à plat de la carrière (*il était une fois…*) ;

– l'absence de transitions entre les métiers ou les postes (*après ceci…j'ai fait cela…*) ;

– un abus de conscience professionnelle (*je travaillai beaucoup et j'étais apprécié par mon chef de service…*) ;

– un patriotisme des service exagéré (*le service, bien que surchargé, assure parfaitement sa mission grâce au dévouement de ses agents…*) ;

– des propos désabusés, familiers ou anecdotiques évoquant l'usure ou la routine (*ce que je viens de vous présenter n'a rien de vraiment nouveau ni d'intéressant…*) ;

– une conclusion abrupte (*voilà, j'ai tout dit…*).

Les qualités à rechercher

☞ ***Quelles qu'en soient les facettes, le parcours professionnel et les aspirations du candidat seront justement appréciés pour peu que celui-ci ait eu un comportement actif, cohérent et convaincant pendant l'épreuve.***

• *Être authentique :*

L'exposé est le premier contact direct entre le candidat et le jury. ***Il doit être vivant*** et non technocratique. Des rapports de jury soulignent deux attitudes également déplacées : certains candidats jouent un rôle en pensant, à tort, que le jury recherche un modèle de fonctionnaire type ou peut être manipulé. D'autres, vont croire profitable de tenir des propos convenus qui empêcheraient le jury d'en savoir plus. Ces comportements sont également vains. Le jury de conversation garde sa liberté ce qui doit inciter le candidat à en faire autant.

> *L'exposé puis les questions doivent faire ressortir l'implication du candidat sous plusieurs formes :*
> – analyse, adaptation et réactivité ;
> – expérience et ouverture sur le monde extérieur ;
> – opinions argumentées et stables ;
> – indépendance d'esprit.

• *Être opérationnel :*

Le jury est composé de membres des grands corps de l'État, de directeurs et de cadres supérieurs qui sont autant de chefs de service ayant l'habitude de travailler avec des adjoints et des collaborateurs. En tant que chefs de service, ***ils recherchent des collaborateurs potentiels*** pourvus de compétences solides, de capacité d'adaptation, de réactivité et d'une puissance de travail avérée… C'est cette image qu'il faut au moins suggérer sinon imposer.

• *Être cohérent :*

Pour engager (au travers de l'exposé) puis mener à bien cet entretien d'évaluation, le candidat dit veiller :

– à limiter ou à supprimer toute faille dans l'exposé de nature à susciter des questions qui pourraient le mettre en difficulté (précisions techniques – expérience peu probante) ;

– à saisir le sens d'une question (ce qui est en cause dans la question) ;

– à ouvrir des pistes incitant le jury à lui poser des questions dans les domaines qu'il maîtrise (c'est le balisage des questions) ;

– à convaincre le jury (qui n'en pensera pas moins mais appréciera cette volonté et l'opportunité des arguments).

• *Se faire écouter :*

Le candidat doit être persuadé que la diversité des corps et des fonctions représentées au jury ainsi que l'expérience qui est la leur est un atout qui joue en sa faveur. Volontaires, les membres du jury évaluent et classent. Ils sont aussi là pour découvrir et comprendre un candidat dont le parcours professionnel est un atout pour les services. Voici pourquoi, il faut marquer sa différence pour se distinguer des autres candidats.

3 L'introduction

☞ ***Le candidat évitera des formulations trop scolaires (Je vais maintenant passer à la deuxième sous-parties de la première partie) ou pompeuses (Je vais maintenant étudier).***

L'exposé comporte classiquement une introduction, des développements et une conclusion.

Première impression faite au jury, ***l'introduction est la vitrine du devoir.*** Son agencement est déterminant. Elle délimite le sujet sous trois angles :

– elle le situe d'abord dans le temps et dans l'espace ;

– elle précise ensuite la problématique en cause en définissant les mots-clés puis en soulignant les enjeux voire les paradoxes du sujet ;

– enfin, elle annonce le plan. Ce cadrage du sujet est déterminant : il empêche tout développement hors-sujet.

Tout plan annoncé doit être développé conformément sous peine d'un exposé confus que le jury ne manquera pas de relever.
L'annonce du plan est à prévoir sous la forme d'une phrase recoupant nettement les parties qui suivent.

4 Les développements

Architecture générale

☞ ***Tout ce qui est annoncé doit être développé de manière conforme.***

Le candidat doit énoncer ce qu'il va exposer et développer ce qu'il a annoncé. Toute dérive progressive doit être évitée. Les digressions sont à refermer rapidement afin que l'exposé aille jusqu'à son terme.

Les développements (parties – sous-parties – paragraphes) sont reliés par ***des transitions.*** Les parties et les sous-parties doivent être, autant que faire se peut, équilibrées. Une phrase d'annonce introduit les sous-parties au début de chaque partie.

La conclusion clôt l'analyse sans reformuler les développements ni répéter l'introduction. Elle ouvre des perspectives sur l'évolution du sujet ou des sujets connexes.

Les exemples

☞ ***Un exemple trop typé est la marque d'un candidat pédant qui n'arrive pas à se dégager de sa formation initiale dans une épreuve généraliste.***

L'exposé doit alterner des principes et leur illustration. Ce va-et-vient permanent garantit la densité de l'exposé. Un exposé conceptuel est difficile à interpréter. Il risque de déraper vers un semblant de leçon philosophique ou des considérations faussement sociologiques. Un exposé narratif cache le fil conducteur de l'analyse. Il n'est qu'un assemblage de connaissances, d'expériences et, quelquefois, d'anecdotes. Le candidat doit amalgamer les principes et les exemples pour renforcer le caractère vivant de son exposé.

Le choix des exemples évitera deux écueils :
– des références banales que personne ne saurait ignorer : sans valeur ajoutée, elles ne révèlent aucune connaissance particulière du candidat. Le choix des exemples montre une différence. Un exemple éculé signe un candidat qui ne se dégage pas du lot.
– des références ésotériques connues d'un cénacle de spécialistes : trop techniques, elles ne seront pas comprises du jury qui, dans le doute, n'en tiendra pas compte, ou, en réaction, estimera que le candidat aurait pu être plus explicite.

5 L'exposé professionnel

☞ ***L'exposé doit tout naturellement laisser penser au jury que le candidat a d'ores et déjà des aptitudes et une personnalité lui permettant d'exercer des fonctions plus importantes ; les questions n'ayant alors plus pour objet que de confirmer cet état de fait.***

■ *Objectifs*

– Mettre en valeur ses compétences (et non les postes) ;

– Professionnaliser son approche (en terme de métiers) ;

– Donner un sens à sa démarche de promotion (« retour d'investissement » pour l'administration) ;

– Stimuler l'intérêt du jury et l'inciter, s'il le souhaite, à poser des questions dans les domaines où le candidat est le plus performant.

■ *Modalités*

a) Le candidat recensera les étapes de sa carrière administrative

La carrière est limitée à la catégorie A ce qui n'exclut pas, pour mémoire, un bref rappel globalisé (sans détailler le parcours professionnel) du (des) grade(s) et de la (des) fonction(s) antérieure(s). Tout autre événement est à bannir : jeunesse, vie de famille, engagement associatif et activité dans le secteur privé.

Sont toutefois admis les rappels suivants : cursus scolaire ou universitaire (simplifié), service national et préparation de longue durée à des concours (exemples : préparation type ENA ou ENM) sous réserve que ceux-ci facilitent l'introduction ou donnent un sens à la carrière.
Attention toutefois à ne pas faire émerger une logique d'échec ou de compensation !

b) Il sélectionnera ensuite les étapes déterminantes de cette carrière

Il s'agit de mettre en valeur le dernier grade obtenu, *a priori* le plus élevé, et surtout les fonctions où la contribution a été de nature à dégager un apport personnel (responsabilités assumées, poste créé, problèmes résolus, novations introduites, actualité des missions, connaissances acquises ou développées, réseau mis en place ou qualité des partenaires).

Cette mise en valeur implique un choix unilatéral dont le jury doit apprécier la cohérence. Il faut donner un sens à une carrière en l'articulant autour d'un fil conducteur.

c) Ce choix pourra se traduire de deux manières

• L'exposé *thématique* est à privilégier par les candidats dont la carrière est déjà démonstrative. Ce type d'exposé met en avant le métier c'est-à-dire une filière dominante ou deux filières qui se complètent (exemples : gestion des ressources humaines – gestion financière – logistique – contentieux – management – cabinet – communication – études). À cet égard, de nouveaux métiers apparaissent (exemples : recrutement – contrôle de gestion – marchés publics). Ce genre d'exposé permet d'éluder ou de passer rapidement sur certaines de ses fonctions (exemples : poste occupé pendant peu de temps ou expérience peu concluante).

• L'exposé *chronologique* convient plutôt à des candidats dont la carrière est à ses débuts (pas plus de deux postes occupés). Cette approche ne doit pas être comprise comme la restitution d'un état des services commenté. La carrière doit être présentée comme un atout et non comme un passif ou une fuite en avant. Le candidat doit surtout montrer ce qu'il a apporté à ses postes et l'expérience qu'il en a retiré.

Il convient enfin d'intégrer les réactions possibles du jury dans l'exposé :
– constat du refus de quitter une filière ;
– volonté de ne concevoir un poste que comme un tremplin ;
– perception d'une instabilité chronique ;
– sentiment d'une insuffisance professionnelle ou de difficultés d'adaptation diffuses.

d) La structure de l'exposé est classique :

• *Éléments introductifs :* formation (facultatif) – grandes lignes de la carrière – profil des postes occupés – annonce du plan (pas plus de trois idées directrices),

• *Développements :* sous-parties limitées à trois – postes porteurs – données significatives (dates – personnel encadré, le cas échéant – chiffres d'activité) – apport personnel (exemples : *j'ai contribué – j'ai encadré – j'ai modernisé – j'ai proposé*) – vision analytique (problèmes rencontrés – limites du poste). Les développements éviteront l'anecdote et tous les faits de nature à suggérer que l'insertion professionnelle ait suscité des difficultés. À l'inverse, il est inutile de faire le panégyrique du service ou du chef de service. Enfin, des transitions sont indispensables pour donner une cohérence au parcours professionnel.

• *Les motivations doivent transparaître tout au long de l'exposé.* Il convient d'éviter de les réserver pour la conclusion au risque qu'elles soient totalement impersonnelles. Le candidat évitera le vœu ou la supplique sans s'abriter derrière le service public ou l'ancienneté. Bien sûr, les avantages matériels qui découlent d'une promotion ne peuvent être considérés à eux seuls comme une motivation. Les motivations sont de l'ordre de la compétence.

> ***La durée de l'exposé sera généralement, sauf concours particuliers (se reporter au chapitre 1-2 Concours) de l'ordre de dix minutes.***
> Quelle que soit sa consistance et son organisation, l'exposé doit avoir une durée minimale de cinq minutes (afin d'éviter un trop grand nombre de questions) et ne pas dépasser huit minutes (afin de ne pas risquer d'être interrompu ou, plus simplement, d'émousser l'intérêt du jury).
> Le jour de l'épreuve, un débit sans doute accéléré par l'émotion et des omissions dues à la tension peuvent raccourcir, de fait, l'exposé.

■ *Le suivi de l'actualité politico-administrative*

☞ ***Lors de la préparation, le candidat doit s'affranchir de son horizon de travail habituel en s'informant sur la politique générale que mène le département ministériel, la collectivité locale ou l'institution dont il dépend.***

L'épreuve de conversation avec le jury nécessite également que le candidat fasse part de ses connaissances administratives. Ainsi, le jury peut aborder son expérience professionnelle et l'activité du service dont il fait partie au travers d'événements récents. D'une manière générale, l'actualité et l'événementiel sont présents tout au long de l'épreuve.

L'appel à l'actualité politique, économique, sociale, culturelle et administrative est donc utilisée ***pour mettre en valeur les compétences*** du candidat.

Elle induit aussi une partie des questions du jury qui cherche à savoir comment le candidat perçoit son rôle et celui du service dont il fait partie notamment en période de surchauffe, de difficultés ou de préformes.

Les sources administratives

☞ ***Les services plus importants ou mieux pourvus disposent également d'abonnements et de revues de presse.***

Ces sources sont souvent consultables dans ***les centres de documentation*** ou accessibles sur le portail des assemblées et des administrations concernées. Certains services diffusent également des revues de presse thématiques.

• *Sources internes :*

– Déclarations des membres du Gouvernement ou des Assemblées (programme – investiture).

– Rapports (mission d'évaluation et de contrôle – commissions parlementaires – Conseil d'État – Cour des comptes – inspections générales – observatoires spécialisés).

– Services d'études et de prospection (organismes d'évaluation – instituts spécialisés).

• *Commentaires :*

– Collectivités locales : *La Gazette des communes* et *Légilocal*.

– Droit : *AJDA – RDP – RFDA – Gazette du palais*.

– Économie et finances : *Problèmes économiques*.

– Éducation : *Le Monde de l'éducation*.

– Équipement : *Le Moniteur*.

– Défense : *Défense nationale*.

– Fonction publique : *Administration publique* (IIAP) – *Service public* (DGAFP).

– Relations internationales : *Le Monde diplomatique*.

– Sécurité : *Cahiers de l'IHESI*.

– Social : *Liaisons sociales – Gazette hospitalière*.

■ *Les outils d'analyse*

☞ ***Cette mise en relief des fonctions par l'actualité peut être stimulée par la consultation de sources internes à l'Administration ou le recours à des commentaires de qualité.***

Exemples de sources internes :

– déclarations et discours de membres du Gouvernement ou des Assemblées (programme électoral – investiture – programme de gouvernement) ;

– rapports (mission d'évaluation et de contrôle – commissions parlementaires – Conseil d'État – Cour des comptes – inspections générales – observatoires spécialisés) ;

– services d'études et de prospection (organismes d'évaluation – instituts spécialisés) ;

– et, bien sûr, le *Journal Officiel* et *La Documentation Française*.

■ *Pistes*

☞ ***Les pistes qui suivent permettent au candidat de personnaliser sa prestation en évitant les généralités et une culture administrative limitée à l'horizon de son service.***

Par la même, le candidat montre sa volonté d'élargir sa sphère de réflexion et justifie la crédibilité de sa candidature au principal pour occuper des fonctions de conception et d'étude mais aussi d'encadrement.

a) Domaines

☞ ***La réflexion doit être nourrie de comparaisons, de nuances, d'une approche critique et de propositions d'amélioration. Les revues à caractère professionnel constituent autant de sources d'analyse.***

Dans les mois qui précédent l'épreuve, le candidat suivra :

– l'actualité politique ;

– le calendrier du travail gouvernemental ;

– le budget (État, collectivités locales et organismes sociaux) ;

– les observations des organes de contrôle et d'inspection ;
– les réformes institutionnelles et administratives ;
– les collectivités locales ;
– l'action des partenaires sociaux ;
– les nouvelles méthodes de gestion ;
– l'intégration européenne ;
– les expériences étrangères ;
– les relations internationales.

b) L'État

☞ ***S'agissant de la politique de l'État, on peut évoquer les thèmes généraux suivants :***

• *Emploi et solidarité :*
– La santé publique.
– Les 35 heures.
– La réforme des retraites.
– La sécurité sociale.
– L'exclusion.

• *Justice :*
– La justice de proximité.
– Les prisons.

• *Éducation nationale, recherche et technologie :*
– L'illettrisme.
– L'école confrontée à la violence.

• *Intérieur et outre-mer :*
– La décentralisation et la régionalisation.
– Les élections.
– La police de proximité.

– La sécurité routière.

• *Affaires étrangères :*

– L'élargissement de l'Union,

– La France et les États-Unis.

– Les tensions et les conflits dans le monde.

• *Économie, finances et industrie :*

– Le déficit budgétaire.

– La relance économique.

– La fiscalité.

• *Défense :*

– La place des armées.

• *Équipement, transport et logement :*

– Les risques et les catastrophes.

– La politique de la ville.

– Les entreprises publiques face à l'ouverture européenne.

• *Culture et communication :*

– La réforme de l'audiovisuel.

• *Agriculture et pêche :*

– Les organismes génétiquement modifiés dans l'agriculture.

• *Aménagement du territoire et environnement :*

– La lutte contre les pollutions.

• *Fonction publique et réforme de l'État :*

– La déconcentration.

– Les nouvelles technologies de l'information et de la communication dans l'Administration.

– La place des fonctionnaires.

• *Jeunesse et sports :*

– Sport et économie.

c) Les collectivités locales

☞ *Pour ce qui est des collectivités territoriales, les thèmes suivants sont fréquemment abordés :*

– La décentralisation et ses limites.

– La fiscalité locale.

– La taille des régions françaises.

– Le poids des dépenses sociales pour le conseil général.

– La maîtrise de l'urbanisme municipal.

– La coopération entre collectivités locales.

– Les modes de gestion des services publics locaux.

– Les polices municipales.

d) Les institutions autonomes

☞ *La diversité des services appelle des questions variées :*

– Les autorités supérieures et indépendantes.

– Les agences.

– Le secteur public, les recapitalisations et les privatisations.

– Notions de coût et de rentabilité.

– Les statuts des personnels.

– Administrés, usagers et clients.

6 La conclusion

☞ *Conclure, c'est imprimer sa marque sur l'exposé. Un candidat qui a confiance en lui aide le jury à mieux l'écouter et à lui poser les questions qui le mettront en valeur.*

L'exposé ne doit pas s'interrompre brutalement, l'analyse achevée et le temps imparti épuisé. Une conclusion mise au point lors de la préparation du sujet vient ***clore logiquement*** l'analyse. En aucun cas la conclusion n'est un expédient permettant de placer des idées qui n'auraient pas leur place dans l'exposé.

La conclusion a quatre objectifs :

– Récapituler brièvement l'analyse menée

L'écueil à éviter serait toutefois de revenir *in extenso* sur les développements.

– Souligner les facteurs évolutifs du sujet

C'est le moment, si cela n'a pas été le cas dans le corps de l'exposé, d'avoir une approche dynamique du sujet.

– Élargir le thème traité ou évoquer les sujets connexes qui auraient pu être évoqués, si ceux-ci avaient fait l'objet de questions du jury

En substance, le candidat laisse comprendre au jury qu'il aurait pu traiter plus complètement le thème s'il n'avait fait le choix délibéré de s'en tenir, pour des raisons de clarté, au cœur du sujet.

– Amorcer les premières questions

Une conclusion bien tournée induit, « en creux », les premières questions. Il y a de fortes chances que celles-ci cherchent à prolonger, à nuancer ou à contredire les ultimes propos de l'exposé. D'où la nécessité d'énoncer une conclusion signifiante et non par défaut.

Les questions

CHAPITRE 5

1 Le sens des questions

☞ *La plupart des candidats ont une vision partielle du sens des questions posées en conversation avec le jury.*

Pour eux, les questions ont essentiellement pour but de les faire chuter, de les troubler voire de percer leur intime conviction. Cette conception inquisitoriale qui réduit le candidat au rôle de victime n'est pas conforme aux bonnes pratiques développées par les jurys actuels.

Outre le strict respect du règlement du concours et sous contrôle de la jurisprudence administrative, le président du jury veille à mettre en œuvre ***une véritable déontologie du questionnement.*** Avec le soutien du ministère de la Fonction publique, les services recruteurs généralisent la formation des membres de jury aux techniques de questionnement et d'évaluation.

L'instauration de la péréquation des notes attribuées dans les sous-jurys des gros concours contribue également à harmoniser les conditions de notation.

Les points faibles des candidats

☞ ***Comprendre puis s'engager en argumentant avec retenue traduisent un candidat confiant qui a du répondant.***

Lors des questions, on observe :

– des réponses médianes sans options argumentées par une position personnelle (*les points de vue se valent…*) ;

– des réponses laconiques non argumentées (*oui – non – vous avez raison…*) ;

– des réponses purement techniques (*je suis le/a seul/e à gérer l'article…*) ;

– des réponses impersonnelles (*l'Administration recommande…*) ;

– des réponses évasives (*c'est mon chef de bureau qui suit ces questions…*) ;

– des réponses au jury perçu comme un tribunal et non comme une instance d'évaluation (*je ne suis pas qualifié/e pour répondre à votre question…*).

> ***Plus que la seule vérification des connaissances, le jury de conversation cherche à mettre à jour les aptitudes du candidat.***
> Il lui faut transformer une situation tendue de domination implicite en un dialogue permettant d'apprécier l'ensemble des facettes du candidat.

La préparation du questionnement

☞ ***La collégialité est un élément essentiel du jury. Même si elle n'était pas perceptible par le candidat pendant l'épreuve, elle le sera durant la délibération qui suit son passage.***

À l'occasion de la réunion de choix de sujet ou avant le début de l'épreuve, le jury de conversation convient, sous l'impulsion de son président, du déroulement pratique de l'épreuve dans le strict respect du règlement du concours. Le président et les membres du jurys s'accordent sur le mode de questionnement et d'évaluation des candidats. En effet, l'épreuve de conversation constitue une occasion privilégiée pour apprécier des aptitudes personnelles qui ne peuvent être perçues lors de la correction des épreuves écrites, fut-ce la dissertation. Le jury va donc veiller à constituer un environnement qui ne soit, ni trop impressionnant, ni agressif, ni déstabilisant, ni complaisant…

Le jury va préparer l'écoute et l'interrogation des candidats de façon à ce que l'évaluation des facteurs d'aptitude repose sur trois principes : l'objectivité, la non-discrimination et la collégialité. L'objectivité suppose un minimum d'empathie.

La tendance est à la formation préliminaire des jurys comme au ministère de l'Intérieur et au ministère de l'Équipement. Des communicants améliorent le fonctionnement des jurys. Des psychologues participent aux jurys. La non-discrimination impose de normaliser les questions en évitant les questions d'opinion susceptibles d'obliger le candidat à dévoiler des éléments de sa vie privée. Toutefois, le candidat doit considérer que des questions personnalisées ajustées à ses connaissances et à sa prestation ne sont pas de nature à rompre ce principe.

Le jeu des contraires

☞ ***L'exposé oriente la nature des premières questions posées. Si rien n'est joué, le candidat a déjà donné la tonalité générale de la conversation qui va suivre.***

L'exposé est complété par les questions.

Un exposé généraliste a tendance à susciter des questions fermées (pour référencer les propos), ouvertes (pour connaître l'opinion du candidat) et opérationnelles (pour apprécier l'adéquation des connaissances à une situation pratique).

Un exposé technique génère plutôt des questions ouvertes (pour décloisonner les propos) et opérationnelles (pour être certain que la technicité ne nuit pas à une vision stratégique).

Un exposé descriptif provoque un regain de questions ouvertes (pour mettre en lumière la valorisation des postes occupés et le point de vue critique du candidat).

Un exposé polémique est contrebalancé par des questions fermées (pour vérifier que la critique est proportionnée aux connaissances) et opérationnelles (pour montrer l'aptitude à construire et à défendre un projet).

Exemples :

- *Vous avez fait allusion à… À quel décret faites vous référence ?*
- *Vous indiquez que… S'agit-il de votre point de vue ou est-ce celui de votre service ?*
- *Vous indiquez que… Cette procédure ne peut-elle pas susciter des recours ?*
- *Pouvez vous comprendre que votre supérieur veuille s'affranchir de ces contraintes ?*

– *Qu'avez vous apporté à votre poste ?*
– *Quelles difficultés avez-vous rencontré dans ce poste ?*
– *Un récent décret n'a t-il pas amélioré cette situation ?*
– *Quels sont les points forts de ce projet si contesté ?*

2 L'échange

☞ ***Le candidat doit profiter de ces moments charnières pour expliciter, nuancer ou réorienter son propos.***

Pendant les questions, le jury peut essayer d'approfondir l'échange grâce à deux techniques : la réflexion et la reformulation.

Ainsi le jury est-il amené à demander au candidat d'éclaircir sa pensée (*pourriez vous réfléchir quelques instants avant de répondre à cette question* ?) pour lui permettre de développer ses idées sans devoir lui couper la parole (*réfléchissez !*).

La reformulation encourage, quant à elle, le candidat à s'exprimer (le candidat : *j'ai toujours travaillé dans des services de gestion* ? – le jury : *toujours* ? ou : *si nous avons bien compris, vous n'avez jamais travaillé dans un service d'études* ? ou encore : *Pensez-vous que votre situation soit exceptionnelle* ?). Elle dénote une écoute active du jury.

Ces relances sont souvent mal interprétées par le candidat qui se convainc, à tort, qu'elles traduisent une insatisfaction du jury. Sauf à ce qu'elles se multiplient, il n'en est rien.

L'enchaînement des questions et des réponses

☞ ***Attention aux réponses contradictoires que le jury ne manquera pas de relever !***

• *L'accent doit être mis sur la cohérence des réponses*

Il faut éviter l'absence de réponse, qui, si elle se répète sur plusieurs types de questions, traduit le désarroi du candidat : faiblesse théorique, absence d'analyse et impossibilité de se projeter dans l'action. Les questions vont alors se multiplier. Le candidat, déstabilisé, subit alors les questions dont il ne maîtrise plus l'enchaînement.

• *Des réponses succinctes ou péremptoires appellent des questions d'argumentation*

Pour y répondre, le candidat doit mobiliser les arguments selon lui majeurs qui justifient son opinion et les arguments subsidiaires ou jugés comme tels qui pourraient emporter la conviction contraire, tout aussi défendable, d'un autre. Cette dialectique impose la nuance, pas l'indécision.

Des réponses longues ou confuses sont contrebalancées à des questions de mise en situation. Pour y faire face, le candidat doit épurer son argumentation en raisonnant par objectif. Ce type de question comporte une obligation de résultat. C'est ce qu'un jury de décideurs et de gestionnaires doit percevoir.

Exemples :
– Pouvez-vous présenter les arguments des parties en soulignant les plus pertinents ?
– Vous avez présenté les textes… Qu'en serait-il dans le cas où vous seriez chargé(e) de… ?

Anticiper les questions

☞ ***Le candidat doit faire coïncider sa personnalité avec le profil du concours.***

Les questions type qui suivent correspondent à des attentes du jury. Elles peuvent orienter la préparation de l'exposé et permettre au candidat de s'y préparer.

• *Quelles sont les qualités requises d'un cadre A ou B ?*

– Attente : textes fondateurs – personnalité.

– Conseil : nuancer une vision théorique.

• *Quelle expérience tirez-vous des postes que vous avez occupés en qualité de… ?*

– Attente : analyse critique de la carrière.

– Conseil : effectuer un bilan de compétences - privilégier les postes valorisants.

• *Pourquoi passez-vous cet examen de sélection ?*

– Attente : convergence des connaissances, de l'expérience et du projet personnel.

– Conseil : faire ressortir un faisceau d'indices – ne pas donner l'impression de la lassitude, de l'évasion ou de la fuite en avant.

• *La mobilité vous paraît-elle nécessaire ?*

– Attente : discordance entre le projet professionnel et la situation personnelle.

– Conseil : ne pas se désunir ; la mobilité est un atout, pas une compétence en tant que telle.

• *Quels types de fonctions souhaiteriez-vous occuper ?*

– Attente : esquisse de projet professionnel.

– Conseil : argumenter sa préférence

• *Êtes-vous préparé(e) à remplir des fonctions d'encadrement ?*

– Attente : capacité à animer un service.

– Conseil : privilégier le management sans négliger l'autorité.

• *Comment envisagez-vous l'évolution de votre carrière ?*

– Attente : consistance du projet professionnel.

– Conseil : développer ses aspirations (limite : « servir dans ses postes » et non « se servir de ses postes »).

Répondre à une question

Une réponse construite est un véritable mini-exposé.

Pour répondre, quatre opérations sont effectuées simultanément ou presque :

• *Recadrage*

– Domaine en cause ?

– Opportunité de la question ?

– Réponse attendue qui peut justement être à éviter !

Un recul minimal est donc nécessaire.

• *Plan sommaire*

– Deux éléments qui se complètent ou s'opposent.

Il faut les annoncer.

• *Illustration*

– Une affirmation appelle un argument.

• *Prise de position*

– Sa nature n'est pas déterminante ; par contre, sa cohérence avec le raisonnement suivi l'est.

3 La typolologie des questions

☞ ***Le dosage des questions est lié à la dominante de l'exposé et aux réponses précédentes.***

Plusieurs types de questions sont possibles :

– Connaissances.
– Personnalisées.
– Techniques.
– Professionnalisées.
– Mise en situation ou simulation.
– Appréciation ou opinion personnelle.
– Libres.

Durant l'épreuve, ces angles de questionnement ne sont pas dissociés. Les questions sont alternées et combinées en se complétant et en se recoupant.

Connaissances

☞ ***La question traduit souvent une conclusion incomplète qui s'est bornée à paraphraser les développements.***

Les questions de connaissance sont directement liées au sujet. Elles sont ouvertes (plusieurs réponses possibles) ou fermées (une seule bonne réponse). Rien n'empêche un membre de jury de multiplier les questions fermées, plus difficiles…

Le but de ces questions est :

– de clarifier l'exposé (Vous avez sous-entendu… Qu'en est-il concrètement ?).

La question montre que le jury a repéré des points faibles dans l'exposé mais ils ne sont pas irrémédiables ;

– de compléter l'exposé ou préciser une notion (Vous n'avez pas mentionné un aspect du débat… Quel est-il ?).

Le candidat n'hésitera pas à prendre conscience de son imprécision ou de son erreur en la réintégrant dans son propos. Faute d'indice, il est toléré que le candidat demande au jury de préciser sa question ce que ce dernier n'est pas tenu de faire. En cas de non réponse à une question fermée, le candidat peut indiquer qu'il ne sait pas plutôt que de s'enferrer dans un silence prolongé qui nuit à l'échange avec le jury ;

– d'élargir des perspectives (Quelle est, plus généralement, la question soulevée par le sujet ?).

> Il est impératif de garder la maîtrise de l'échange sous peine de subir des questions de plus en plus pressantes et variées.

■ *Techniques*

☞ ***Ce type de question nécessite une préparation ou une remise à niveau. La réponse nécessite des connaissances précises ce qui n'exclut pas de la compléter ensuite par une opinion argumentée. Lorsque la réponse n'est pas connue et en l'absence de déduction ou de supposition possible, il vaut mieux préciser que la réponse n'est pas connue que de persister dans une interprétation aléatoire.***

• *Formulation*

Question fermée (procédures – textes juridiques – structures politico-administratives) : *savez vous...* ?

• *Thèmes*

– Droit public (constitutionnel et administratif).

– Finances publiques.

– Fonction publique.

– Ministère (missions, organigramme et évolution).

– Institutions et actualité administratives.

– Union européenne.

– Organisations internationales.

• *Exemples :*

– *Comparez les compétences du président de la République et celles du Premier ministre en matière de défense ?*

– *Qu'est ce que le recours pour excès de pouvoir ?*

– *Quelles sont les étapes du vote de la loi de finances ?*

– *Quelles sont les positions statutaires du fonctionnaire ?*

– *Comment sont organisées les préfectures ?*

– *Quel est le rôle du secrétariat général du Gouvernement ?*

– *Quels sont les objectifs de la réforme de l'État ?*

– *À quelle occasion la Constitution a t'elle été modifiée pour la dernière fois ?*

– *Quels sont les pays candidats à l'entrée dans l'Union européenne ?*

– *Citez des organismes spécialisés dépendant de l'organisation des Nations unies ?*

Professionnalisées

☞ ***Le jury attend des réponses démontrant l'aptitude professionnelle.***

Elles sont destinées à mettre à jour les motivations des candidats : choix d'une carrière pour les candidats aux concours externes, cohérence d'un parcours professionnel pour les candidats aux concours internes. Les réponses aux dix questions- types qui suivent précisent les attentes du jury de conversation et donnent des pistes pour orienter la réflexion du candidat.

• *Pourquoi avez-vous choisi de passer ce concours ?*

Le jury attend que le candidat fasse converger ses connaissances, son expérience et son projet personnel.

Le candidat doit dégager un fil conducteur ou un faisceau d'indices sans donner l'impression de la lassitude, de l'évasion ou de la fuite en avant.

• *Quelles sont les qualités requises d'un (suit le grade) ?*

Le jury veut savoir si le candidat allie une connaissance des textes fondateurs et du métier avec une personnalité adaptée.

Le candidat doit se renseigner sur le grade et le métier afin de nuancer une vision théorique.

- *Quelles fonctions peut exercer un (suit le grade) ?*

Le jury veut vérifier la cohérence d'un projet personnel.

Le candidat doit connaître les fonctions spécifiques et l'environnement de travail.

- *Êtes-vous préparé à remplir de telles fonctions ?*

Le jury cherche à évaluer la capacité à faire travailler une équipe ou à s'insérer dans un service.

Le candidat doit se renseigner sur les grades, connaître les droits et obligations du statut de son corps et approfondir la gestion des ressources humaines.

- *Quelle expérience tire-vous des postes que vous avez occupés ?*

Le jury d'un concours interne apprécie une analyse critique de la carrière.

Le candidat doit dresser un bilan de ses compétences, privilégier les fonctions valorisantes et réfléchir par domaine de compétence.

- *Dans quel service souhaiteriez-vous être affecté ?*

Le jury veut connaître le projet professionnel.

Le candidat doit avoir une préférence argumentée.

- *Comment vous adapterez-vous si vous êtes affecté (suit une option inverse de la réponse précédente) ?*

Le jury veut mesurer les capacités d'adaptation en cas de projet professionnel contrarié.

Le candidat doit faire preuve de répartie sans se déjuger par rapport au choix précédent.

- *La mobilité vous semble t-elle nécessaire ?*

Le jury veut évaluer les discordances éventuelles entre un projet professionnel et une situation personnelle.

Cette question est de nature à perturber de nombreux candidats. Le candidat peut argumenter sur la compétence dont la mobilité n'est qu'un atout…

- *Comment envisagez-vous l'évolution de votre carrière ?*

Le jury projette le candidat dans un avenir virtuel pour vérifier la solidité du projet à court terme.

Il s'agit d'une question ouverte qui permet au candidat de développer ses aspirations sans laisser à penser que l'opportunité peut prendre le pas sur le service…

• *Quelle réforme concerne (suit le service recruteur) ?*

Le jury attend une mise en perspective des connaissances théoriques ou générales.

Le candidat doit relier sa culture générale à l'actualité.

Mise en situation ou simulation

☞ ***Ce type de question est proche d'un jeu de rôles (un cadre A en situation de travail). La réponse demande un effort de transposition virtuelle à combiner avec des connaissances précises. Elle appelle une appréciation implicite.***

• *Formulation*

Question opérationnelle : *vous exercez les fonctions de … vous êtes confronté(e) à … que faites-vous* ?

• *Thèmes*

– Management.

– Nouvelles technologies de l'information et de la communication.

– Réunion.

– Interministériel.

• *Exemples*

– *Comment concevez-vous le rôle d'un adjoint au chef de bureau* ?

– *Quels avantages offre, selon vous, une messagerie interne* ?

– *Comment préparez une commission administrative paritaire avec la parité syndicale* ?

– *Comment négociez-vous avec la direction du budget* ?

Appréciation ou opinion personnelle

☞ ***Ce type de question s'adresse autant au fonctionnaire qu'au citoyen. Il n'y a pas, au fond, de juste réponse. La réponse oblige à une prise de position argumentée et nuancée laissant percevoir que d'autres points de vue sont possibles sans pour autant verser dans l'indécision.***

• *Formulation*

Question ouverte : *quel est votre point de vue sur… ?*

• *Thèmes*

– Formation initiale et continue.
– Déroulement et articulation de carrière.
– Efficience administrative.
– Réforme de l'État.
– Construction européenne.
– Relations internationales.
– Débats de société.

• *Exemples*

– *Votre formation initiale vous a t-elle paru adaptée aux fonctions occupées ?*
– *Souhaitez-vous occuper un autre type de poste ?*
– *La procédure est-elle adaptée ?*
– *Dans quel sens faudrait-il modifier la procédure ?*
– *Quels sont les effets des normes communautaires sur cette procédure ?*
– *La position française est-elle conforme aux principes affirmés ?*
– *Êtes-vous favorable à cette réforme ?*

Personnalisées

☞ ***Ces questions peuvent être préparées en évitant les réponses toutes faites (exemple du dernier film à succès…), non exploitables (film ou livre très confidentiel…) ou déconcertantes (exemple : vous lisez ? – Beaucoup – quel est le dernier livre que vous avez lu ? – Je ne lis plus depuis que je prépare le concours !…)***

Vers la fin de l'épreuve, le jury pose souvent des questions liées à la personnalité et au parcours du candidat. Il ne s'agit pas de s'en offusquer. Elles sont destinées à relancer l'échange, à compléter la prestation du candidat et à détendre l'atmosphère.

• *Exemples*

– Domiciliation et situation familiale.

– Cursus.

– Expérience professionnelle ou associative.

– Occupations et loisirs (lectures, spectacles, etc.)

■ *Libres ou presque…*

☞ ***Contrairement à ce que pensent la plupart des candidats, le jury ne cherche pas à les déstabiliser mais à sonder leur personnalité et leur réactivité.***

• *La série de questions sur un même thème avec graduation progressive des difficultés*

Le jury vérifie la densité des connaissances. Loin d'un quelconque acharnement du jury, le fait que des questions plus difficiles soient posées est plutôt bon signe pour le candidat qui a d'ores et déjà répondu aux premières interrogations.

• *Les questions décousues en rafale*

Le jury procède par sondage. Un mauvaise réponse n'est pas significative. Par contre, des défaillances sur plusieurs sujets sans aucun rapport l'un l'autre révèlent indubitablement un manque de culture générale et de vivacité d'esprit.

• *Les questions contradictoires*

Le jury jauge la souplesse de la pensée du candidat qui ne doit pas se mettre en porte-à-faux avec des questions précédentes. Cet exercice difficile nécessite de louvoyer en gardant le cap.

Les questions provocatrices ou humoristiques :

La provocation calculée est un moyen d'apprécier le sang-froid du candidat. Une question plus sérieuse se cache certainement derrière la provocation apparente ou annoncée. Il convient d'y répondre. L'humour permet également de laisser au candidat le soin de démêler le vrai du faux.

> Ces questions s'éloignent, par cercles concentriques successifs, du sujet de l'exposé. Au fur et à mesure du questionnement, le jury cherche à tester les qualités d'adaptation et de répartie du candidat.

Le jury et la communication

CHAPITRE 6

1 Le jury

Mission

☞ ***Ne pouvant formellement recruter sur un profil de poste précis, le jury va chercher à cerner des connaissances et des capacités d'adaptation.***

Conformément au principe du recrutement par concours des agents de la Fonction publique, le jury est une entité indépendante chargée de sélectionner les candidats par l'administration souhaitant recruter. Sous peine de recours, le jury se conforme au droit et à la jurisprudence des concours. Si le jury est nommé, il n'en dispose pas moins d'un pouvoir souverain d'appréciation des candidats. Enfin, le jury ne recrute pas pour un poste encore que la professionnalisation des questions se soit nettement accentuée depuis une dizaine d'années sous l'influence de l'émergence de véritables filières métiers. C'est l'administration qui nomme et gère l'agent une fois recruté. Malgré tout, la responsabilité du jury est déterminante. Elle engage la qualité du recrutement d'un corps et la gestion de la carrière d'un agent.

> L'épreuve de conversation est le seul moment où le jury peut vérifier l'aptitude réelle du candidat.

Désignation

☞ ***Le jury est souverain dans ces décisions.***

Entité mystérieuse et redouté, le jury d'oral, qu'il s'agisse de sa composition ou de son fonctionnement, est mal connu des candidats qui s'apprêtent à passer l'épreuve de conversation. Le plus souvent, les candidats assimilent le jury à des juges chargés de condamner alors que le jury a pour mission, non pas d'éliminer, mais d'évaluer et de classer.

Les membres du jury de conversation font partie du jury du concours qui est l'organe souverain chargé de mettre en œuvre le processus de sélection. Le jury est soumis à des contraintes précises qui garantissent l'égalité des candidats devant le concours. Il agit donc pour le compte de l'Administration avec l'aide d'un secrétariat assuré par le service chargé du recrutement. Il respecte le droit et la jurisprudence des concours.

Le jury est nommé par arrêté de l'autorité organisant le concours, département ministériel, service déconcentré ou exécutif d'une collectivité locale. Dans certains concours, les modalités précises de composition du jury de conversation sont précisées et peuvent notamment prévoir que tous les membres du jury du concours composent le jury de conversation. Le jury peut s'adjoindre des correcteurs spécialisés pour certaines épreuves écrites et des examinateurs spécialisés à l'oral. Les membres du jury sont volontaires et n'exerceront cette mission que pour un nombre limité de sessions. Lorsqu'ils sont fonctionnaires ce qui n'est pas obligatoire (exemples : élus, contractuels, associatifs ou cadres du secteur privé), les membres du jury sont d'un grade au moins égal ou équivalent, le plus souvent supérieur, à celui auquel postulent les candidats.

> De plus en plus fréquemment, les membres de jury sont formés préalablement à l'écoute, au questionnement et à l'évaluation.

Présidence

☞ ***Le jury d'oral est généralement présidé par le président du jury du concours sauf à ce que le jury ait du se constituer en sous-jurys pour interroger un nombre important de candidats. Chaque membre du jury dispose d'une voix égale à l'exception du président qui dispose d'une voix prépondérante rarement utilisée.***

Dans la Fonction publique d'État, le jury de conversation des concours d'accès aux corps supérieurs de niveau ENA ou assimilés est souvent présidé par un membre d'un grand corps tel que le Conseil d'État, la Cour des comptes ou l'Inspection générale des finances. Cette disposition garantit l'indépendance et la vocation interministérielle du concours.

Le jury de conversation des concours d'accès aux corps de catégorie A est présidé par un membre d'un grand corps ou d'un corps d'inspection comme, par exemples, l'inspection générale de l'administration de l'éducation nationale, l'inspection générale des affaires sociales ou l'inspection générale de l'administration du ministère de l'intérieur. Cette prédominance des corps d'inspection et de contrôle s'explique par les connaissances panoramiques et transversales de leurs membres qui ont souvent commencé leurs carrières comme chefs de services de gestion.

Le jury de conversation des concours d'accès aux corps de catégorie B peut être présidé par un membre d'un grand corps ou d'un corps d'inspection. Dans les faits, il est présidé par ***un cadre supérieur*** comme un administrateur civil ou un chef de service déconcentré, ou encore, un cadre A qui est un professeur ou un cadre moyen expérimenté du département ministériel recruteur.

Dans la Fonction publique territoriale, le jury de conversation est toujours présidé par ***un élu local***. Cette présidence traduit la subordination des fonctionnaires territoriaux aux exécutifs locaux.

Dans la Fonction publique hospitalière, le jury de conversation est présidé par ***un élu ou un fonctionnaire*** sur la base des principes énoncés pour la Fonction Publique d'État.

Faute de président en titre, le membre du jury qui est, selon la formule, le plus ancien dans le grade le plus élevé, fait fonction de président. Dans cette hypothèse, nombreux sont les jurys qui permutent de président durant les épreuves.

■ Composition

☞ ***La pluralité de recrutement du jury de conversation est un atout pour les candidats. Elle garantit, si besoin était, la compétence, l'ouverture et les capacités d'écoute du jury dont les membres ont des formations différentes, des expériences professionnelles diversifiées et des critères d'appréciation distincts.***

Bien que ne s'exprimant que par la voix de son président qui tranche en dernier ressort, le jury de conversation fonctionne collégialement, du choix des sujets à l'évaluation finale des candidats en passant par leur questionnement. D'une manière générale, le jury comprend des membres de diverses origines.

Les membres des corps supérieurs ou de direction des trois Fonctions publiques sont représentés : corps préfectoral, magistrats de l'ordre judiciaire, administratifs ou aux comptes, administrateurs civils et territoriaux et corps spécialisés de chaque ministère, d'une filière de la fonction publique territoriale ou d'un corps hospitalier. Leur présence matérialise surtout la préoccupation de recruter des fonctionnaires qui seront chargés d'assurer des fonctions d'analyse et d'impulsion.

Les enseignants, universitaires, agrégés et chercheurs et professeurs de l'enseignement secondaire, sont naturellement nombreux dans les jurys de conversation et ce dans l'ensemble des concours. Ils peuvent apprécier les connaissances académiques des candidats et relier ce savoir avec les pré-requis des concours.

Tous les autres corps de catégorie A sont mis à contribution en fonction de la dominante du concours : corps généralistes d'attachés et d'inspecteurs issus des IRA, corps à vocation financières comme les inspecteurs des impôts ou du Trésor, corps de conception et d'encadrement de la police, corps d'ingénieurs, etc. Ces corps ont vocation à encadrer ou à travailler avec les candidats recrutés. Ils sont les mieux à même de déceler les connaissances et les qualités requises de cadres A et B appelés à exercer des fonctions de gestion.

Les jurys de conversation sont également ouverts à des représentants de la société civile. Cet élargissement concerne surtout les concours de catégorie A et notamment ceux portant accès à la haute fonction publique. Cette ouverture s'adresse aux élus, pour la Fonction publique d'État, au monde de l'entreprise, dirigeants de sociétés et syndicalistes, au secteur de la communication et du journalisme ainsi qu'aux personnalités qualifiées ou reconnues.

> ***Le principe de la parité professionnelle entre les femmes et les hommes se traduit par la féminisation croissante des jurys.***
> Cet impératif joint à la formation des membres de jury a d'ores et déjà modifié sensiblement le mode d'évaluation des jurys.

■ *Nombre de membres*

☞ ***Selon les concours, le jury de conversation peut aller de trois à une dizaine de membres.***

Redouté par le candidat, un jury nombreux est plus impressionnant. Il oblige le candidat à disperser son attention et multiplie la variété des questions. À cet effet stéréophonique viennent s'ajouter les réverbérations en chaîne d'une communication mal maîtrisée. Pourtant, un jury nombreux augmente la certitude d'être bien évalué. Cette sécurité joue lors de la délibération dans la mesure où une individualité du jury ne risque plus d'emporter à elle seule l'adhésion du jury. La note excellente fait l'objet d'un consensus indiscutable ; la note moyenne est une véritable note et non une note par défaut ; enfin, la mauvaise note est bien le résultat de défaillances cumulées et reconnues comme telles par tous les membres du jury. Faute d'accord, la note sera nécessairement pondérée.

Un jury restreint semble plus facile à aborder. Le candidat peut se centrer sur un membre du jury sans pour autant négliger les autres. Dans cette relation interpersonnelle, le candidat doit s'adapter à un questionnement plus focalisé qui aura plus de mal à tourner, au risque de bloquer, *in fine*, le candidat. Le nombre restreint de membres du jury durcit la notation : les notes excellentes sont moins justifiables, les notes moyennes sont des compromis discutables et les mauvaises notes peuvent laisser place à l'arbitraire d'un membre influent du jury.

> La composition du jury est normalement affichée sur les lieux de l'épreuve. Si elle ne l'est pas, le candidat peut la demander au secrétaire du jury.
> Sans permettre pour autant d'anticiper les questions et les réactions du jury, la connaissance des corps ou des fonctions des membres du jury peut faciliter la compréhension du sens de certaines questions.

2 Fonctionnement

Publicité de l'épreuve

☞ *Chargé de la police du concours, le président du jury peut à tout moment prendre les mesures qui s'imposeraient en cas de perturbation.*

Si le candidat est le plus souvent seul face au jury, il n'empêche que les épreuves orales des concours sont en principe publiques. Il s'agit de garantir l'impartialité du jury et la transparence de l'épreuve. En pratique, cette possibilité d'assister aux épreuves orales est peu utilisée. Certains formateurs et des candidats le font déjà car elle présente un caractère pédagogique intéressant. Des concours phares comme celui de l'ENA ou celui d'HEC sont attachés à cette possibilité.

Avec l'agrément préalable du président du jury (à demander au secrétaire du jury), il est conseillé d'assister, à titre de préparation, à ce type d'épreuve. Il est bien entendu que cette présence qui commence au début de l'épreuve – et non pendant la préparation – doit être discrète. Un silence absolu est requis afin de ne pas gêner le candidat.

■ *Le secrétariat du jury*

☞ ***Le secrétariat n'a aucune compétence autonome en matière d'évaluation et de notation des candidats. Il veille à la régularité de l'ensemble du processus du concours qui constitue un tout indivisible et une opération complexe alliant sélection et garanties.***

Le jury, organe temporaire de recrutement, ne doit pas être confondu avec le secrétariat du jury composé d'agents permanents, membres du service organisateur du concours.

Le secrétariat du jury est chargé de la préparation et de l'organisation matérielle du concours de son arrêté d'ouverture jusqu'à celui portant admission des candidats sélectionnés. Il met également en œuvre l'évaluation du concours demandée au jury.

À ce titre, le secrétariat prépare et exécute les délibérations du jury. Il renseigne le jury, les personnes intéressées et les candidats en respectant la confidentialité des travaux du jury et les droits consacrés par la législation, la réglementation et la jurisprudence.

Pour en savoir plus sur les jurys de concours :

– *Recueil Lebon*, Conseil d'État, Paris, *Sirey*.

– *Juris-Classeur administratif*, fascicule 181, Agents publics – Recrutement, Paris, Jean-Bernard Auby, Précis *Dalloz*.

– *Guide pratique des concours administratifs à l'usage des présidents et membres de jury*, Paris, ministère de la Fonction publique et des réformes administratives, 1990.

– *La jurisprudence des concours administratifs*, Paris, Pierre Bandet, *La Documentation Française*, 1992.

– *Guide des jurys et concours – Déontologie et pratique*, Paris, Assistance publique-Hôpitaux de Paris, 1997.

– *Guide des jurys de concours*, Paris, Mairie de Paris, 1999.

La connaissance d'un membre du jury

☞ ***La notion de « connaissance » doit être restreinte car il s'agit là d'usages qui ne sont pas codifiés.***

Il peut arriver, essentiellement dans les concours internes, qu'un candidat connaisse un membre du jury, ou inversement, qu'il a eu comme chef de service ou comme formateur. Dans cette hypothèse, deux cas peuvent se présenter : soit ce fait intervient alors que l'épreuve est déjà commencée, soit il se manifeste avant l'épreuve.

Si l'épreuve est commencée, il est ***d'usage***, sans que cela soit obligatoire, que le membre du jury en avise ses collègues, n'interroge pas ni ne participe à la délibération. Toutefois, il ne peut se retirer physiquement du jury sous peine de remettre en cause l'égalité des candidats devant le jury et de ne pouvoir ensuite y revenir ; sa présence au jury devant être continue.

> Si un candidat estime que la connaissance d'un membre du jury est de nature à nuire à sa prestation, il peut demander, avant l'épreuve, au secrétaire du jury à passer, si cela est possible, devant un autre sous-jury, s'il y en a un qui siège simultanément pour la même épreuve. Cependant, même si cette permutation est possible, elle n'est pas de droit.

La notation

☞ ***La note reste modifiable jusqu'à la délibération finale du jury du concours réuni en formation plénière.***

Avant le passage du premier des candidats, le jury convient officieusement et sans que cela est valeur de barème des qualités recherchées et des modalités d'appréciation des candidats. Les membres du jury prennent des notes pendant l'épreuve. Certains jurys se dotent de grilles internes d'observation afin d'essayer de rationaliser les observations de leurs membres. Ces instruments de travail n'ont qu'une valeur officieuse et limitée.

À l'issue du passage de chaque candidat, le jury procède à un rapide tour de table qui s'achève par une note provisoire indicative.

Lorsque tous les candidats sont passés, le jury harmonise les notes : du meilleur au moins bon et de celui passé le premier jour à celui passé le dernier jour. Cet étalonnage est possible grâce aux annotations prises par les membres du jury. Tous les membres du jury participent à la délibération (sauf celui qui viendrait à connaître un candidat). Les notes sont donc discutées même si un consensus se dégage rapidement. En cas de contestation, la voix du président est prépondérante. Il n'en fait d'ailleurs usage qu'en tout dernier recours.

Sans violer le secret des délibérations auquel sont astreints les membres de jurys, force est de constater que des arguments reviennent souvent pour justifier une bonne note (c'est-à-dire égale ou supérieure à 12/20) :

- sujet analysé ;
- exposé structuré ;
- connaissances et ouverture d'esprit ;
- critique raisonnée ;
- intérêt pour le métier (service – grade – fonctions).

Cette satisfaction est résumée sous la forme d'une question unique, toute virtuelle mais très opératoire : souhaiterions-nous travailler avec le candidat ? Lorsque l'on sait que le jury est composé de chefs de service et de cadres A, ce critère, même discutable, devient redoutable pour la sélection.

La note proposée par le jury de conversation peut enfin faire l'objet d'une péréquation.

3 La présentation et l'expression

Le Code social

☞ ***La courtoisie, la tenue et l'allure expriment l'intégration d'un Code social qui facilite les échanges avec le jury.***

Il ne s'agit pas d'une norme formelle qu'il convient de respecter impérativement. Si des conformismes perdurent, ceux-ci doivent être relativisés. Ils n'entraînent plus d'interdits ou de pénalités. Cependant, la courtoisie est autant un outil de communication qu'une marque de respect.

De même, la tenue n'est plus une marque de reconnaissance. Si le candidat est à l'aise dans sa tenue, celle-ci va lui permettre de mettre en valeur sa personnalité en complétant le style de présentation de l'exposé. Le fait d'être habillé de façon « élégante », « anodine » ou « originale » n'est cependant pas un atout en tant que tel. Dans tous les cas, le candidat doit éviter d'être « en décalage » avec ses propos.

À l'inverse, une recherche exagérée du code social (politesse exagérée – allure guindée) peut tourner à la caricature ou à la vacuité (difficulté de dialoguer – respect paralysant toute remarque personnelle).

> D'expérience, il est conseillé d'éviter l'excès d'accessoires vestimentaires qui détournent l'attention du jury.

■ *L'expression*

a) La diction

☞ ***Le candidat dispose de trois atouts : le volume de la voix pour souligner un propos, l'intonation de la voix pour prendre un recul critique ou sceptique sur ses propos et les pauses qui annoncent le passage à un autre thème.***

Quelque soit ses facultés, le candidat doit ajuster l'intensité de sa voix. En fonction de l'importance du propos, de l'attitude du jury et du temps disponible, la voix, les intonations et le débit sont à moduler. L'articulation et les liaisons mettent en valeur le propos. Les « *euh…* » hésitants meublant le silence et les « *tout à fait…* » tenant lieu de réponse sont à proscrire.

L'exposé respecte le bon usage de la langue française (dictionnaire et vocabulaire – grammaire et syntaxe – conjugaison et liaisons). Il alterne la forme impersonnelle et la première personne du singulier. Le candidat veillera notamment à la concordance des temps, aux accords.

Les phrases doivent être terminées ; à plus forte raison lorsqu'elles annoncent des développements. Les développements ne peuvent qu'être conformes à l'annonce qui les a précédés.

> Les phrases longues permettent d'exposer et de nuancer une pensée. Trop longues, elles diluent la pensée au risque que celle-ci s'y perde. Les phrases courtes rendent les propos plus affirmatifs et plus incisifs. Trop courtes, elles hachent l'exposé et amoindrissent sa cohérence. L'alternance de phrases longues et courtes soutient l'intérêt du jury.

b) La concision

☞ ***Pour l'exposé, le candidat n'hésitera pas à placer sa montre devant lui.***

La concision est un impératif lié à la durée optimale de l'exposé. Un exposé succinct risque d'être superficiel ou lacunaire. Inversement, un exposé fastidieux dilue les idées et engendre la lassitude du jury.

> Les formes exclamatives et interrogatives sont déconseillées car le candidat doit répondre à une problématique et non pas se contenter d'ouvrir de nouvelles pistes. Par contre les sous-entendus, les euphémismes et l'ironie peuvent être utilisés avec intelligence… et modération, si le contexte s'y prête.

c) La précision des termes

☞ ***Un vocabulaire précis met en valeur une pensée organisée.***

Le candidat doit éviter les flous *(piloter une réforme)* et les artifices *(nous sommes tous concernés)*. Il est recommandé de choisir les mots employés en éliminant les termes familiers (***la paperasse***), imagés *(booster un dossier)*, vagues *(ce sont d'autres agents qui en sont chargés)* ou affectifs *(ce travail me passionne)* ou, à l'inverse, exclusivement techniques *(sauf à ce que le contexte s'y prête)*. L'usage des superlatifs sera restreint afin que leur inflation ne dévalue pas leur valeur car, si tout est important, comment le candidat pourrait-il hiérarchiser les idées ?

• *L'usage abusif des auxiliaires nuit, à la longue, à la précision de la pensée :*

– Faire une remarque : «observer ou objecter»

– Être présent : «assister ou participer»

– Avoir un concours : «passer ou réussir un concours !»

• *Certaines formules passe-partout et lieux communs traduisent un manque de réflexion, de maîtrise du sujet ou une difficulté à conclure :*

– *Il s'agit d'un sujet important, intéressant, d'actualité, d'un fait de société…*

– *C'est évident, clair, incontournable, etc.*

– *Les gens, la majorité, tout le monde, quelque part…*

– *En résumé, en un mot, voilà…*

– *Au niveau, au plan…*

– *C'est positif, c'est un plus, il faut aller de l'avant, quelque part…*

– *J'ai eu la chance de…*

– *Grâce à mon chef de service…*

d) La fluidité de la pensée

☞ ***Des locutions de transition se sont imposées dans le style administratif. Leur utilité n'est plus à démontrer.***

Pour annoncer, structurer puis conclure une présentation, ***des locutions*** (exemples qui suivent non limitatifs) ***se sont imposées dans le style administratif*** et renforcent la compréhension de l'exposé (et des réponses sur un mode plus simple).

• *Pour introduire*

Dans ce but, dans ce cadre, dans cette optique, dans cette perspective, à cet effet, en effet, d'ailleurs.

• *Pour effectuer une transition*

D'une part, en premier lieu, tout d'abord, de même, de plus, en outre, d'ailleurs, de ce fait, de même, par ailleurs.

• *Pour nuancer ou préciser*

Cependant, en revanche, toutefois, néanmoins, nonobstant, bien que, quoi qu'il en soit, en ce qui concerne, en revanche, en tous cas, il n'empêche, inversement, notamment, plus concrètement, or, plus concrètement, pour autant, pourtant, s'agissant, en tout cas, quoi qu'il en soit…

• *Pour conclure*

Ainsi, enfin.

Les formules somme toute, en bref et voilà sont à éviter.

4 La communication non verbale

Donner du sens

☞ ***La communication non verbale ordonne et donne un sens à des propos et à une gestuelle qui se nourrissent l'une l'autre. Elle démultiplie, banalise ou rend caduque une argumentation.***

Ainsi le jury peut-il constater :

– un exposé fondamentalement cohérent mais « déconstruit » par l'attitude du candidat ;

– une réponse démentie par une attitude contradictoire ;

– une assurance factice empêchant la nuance.

Ces failles peuvent sembler secondaires alors qu'elles confortent ou neutralisent, dans sa globalité, la prestation du candidat. En effet, le nombre élevé de candidats et l'épreuve du temps estompent progressivement l'image du candidat et le détail de sa prestation (même si le jury est collégial et que ses membres prennent des notes) pour aboutir à une appréciation de type « élément opérationnel », « a fait ses preuves et pourra s'adapter », « aura du mal à s'intégrer » ou « n'a pas compris ce qu'on pouvait attendre d'un cadre A »... ***C'est à cet instant que l'impression fait la différence en distinguant, à prestations comparables deux ou trois candidats méritants.***

> Faut-il ajouter, au risque de décontenancer, que cette impression est intuitivement et contradictoirement perçue par chaque membre du jury dès les premières minutes de l'épreuve puis vérifiée, renforcée ou atténuée par la prestation du candidat. Le délibéré du jury intègre cette impression dominante (d'où l'importance des conseils d'expression, de l'évaluation par un jury fictif voire de l'analyse vidéo de l'épreuve simulée).

■ *Le paralangage*

☞ ***Le corps montre ce que la parole ne dit pas. Un contrôle total est impossible. Il faut donc utiliser la paralangage pour compléter la parole verbale.***

L'épreuve est destinée à permettre au jury d'apprécier l'adéquation du candidat aux caractéristiques de la fonction et de son environnement. Il s'agit d'une recherche d'information personnalisée et approfondie, surtout d'un point de vue qualitatif, dans un face à face candidat-jury. La relation n'est, bien sûr, pas neutre ; le jury est objectivement « dominant ». Cependant, outre ses connaissances, le candidat dispose du paralangage ou langage du corps qui, comme les mots, est porteur de signification.

La maîtrise du paralangage est un atout pour le candidat qui ***contrôle*** sa communication non verbale et perçoit celle du jury. Cette interaction enrichit l'exposé et facilite l'échange qui suit.

Les supports du paralangage sont :

– les aspects physiques superficiels (habillement) ;

– les postures qui traduisent l'attente, la confiance, une décontraction forcée, une soumission latente, une faible capacité de coopération avec le jury ou, quelquefois, la fuite (installation devant le jury) ;

– les gestes qui appuient ou démentent le langage (jeu des mains) ;

– le regard et les expressions qui accompagnent, amplifient ou contrarient un propos (le regard comme deuxième réponse ou forme de non-réponse) ;

– les réactions physiologiques (anxiété notamment) ;

– l'utilisation de la salle, du mobilier et des objets familiers au travers de rituels simplifiés qui permettent au candidat de « se mettre en scène » devant le jury (mimiques- accessoires comme la montre, le stylo ou les lunettes).

Si les aspects physiques et les réactions constituent un véritable « décor » pour le candidat, la parole qui met en forme les idées peut aussi les déformer.

Ce fil qui relie le candidat au jury est caractérisé par :
– la voix et la respiration ;
– la diction (articulation – prononciation – débit – volume) ;
– le choix des mots (vocabulaire) ;
– des formules caractéristiques (valant symbole ou véritables « tics verbaux »).

■ *Son utilisation*

☞ ***Sauf excès, tout est question de dosage. Le jury saura apprécier l'essentiel en allant au-delà des maladresses.***

• *Pour favoriser le contrôle et la cohérence du paralangage, il est conseillé de choisir une tenue sobre :*

– Éviter la sévérité excessive qui statufie l'attitude.

– Bannir la tenue de fin de semaine ou de vacances.

• *D'adopter une posture qui laisse d'emblée transparaître la solidité, la réflexion et la réactivité.* La position est à soigner :

– Face au jury qui est le public.

– Bien assis sur son siège pour ne pas tomber…

– Jambes et pieds d'aplomb.

– Buste légèrement penché en avant en position d'écoute confiante.

– Mains d'abord posées sur la table puis soulignant avec modération les propos sans pour autant les dénaturer.

À déconseiller :
– s'asseoir en biais ;
– se tenir en arrière ou se balancer ;
– croiser les bras, mettre les mains derrière le dos ou sous la table ;
– agiter excessivement les jambes, les bras ou les mains ;
– manipuler un objet.

• *De balayer du regard chaque membre du jury.*

Un regard confiant est le début d'une écoute active. ***Chaque membre du jury doit en avoir sa part*** même s'il semble, à tort ou à raison, inactif ou peu intéressé par l'exposé et les réponses aux questions. Ce regard panoramique permet d'apprécier l'impact de l'exposé et des réponses sur le jury. Même si le jury doit rester impassible, il lui est difficile de ne pas extérioriser, à minima, des réactions superficielles d'intérêt, d'acquiescement, d'ennui ou d'irritation…

• *De veiller à limiter les réactions physiologiques.*

La nervosité ou l'excès peut « contaminer » le jury.

• *De ne pas abuser de la gestuelle d'accompagnement et des rituels d'installation.*

La gestuelle ne doit pas prendre le dessus sur le fond des propos. Elle peut donner aussi bien du dynamisme que de la nuance à la prestation. Lorsqu'elle est bien dosée, elle sait alterner ce double aspect d'amplification et de retenue. Des mouvements de mains mesurés et des regards bien dirigés permettent au jury d'apprécier la véritable portée d'un propos.

• *D'utiliser tous les atouts de la parole en variant le vocabulaire, le débit, les intonations et le volume de la voix.*

Forcer légèrement le volume de la voix et se forcer à parler distinctement donnent de l'assurance et de la retenue. Ne pas hésiter à ménager de courts silences pour mettre en valeur une idée ou passer d'une idée à une autre. Le jury appréciera que l'exposé ne soit pas récité ou monotone.

■ *Une image cohérente*

☞ ***Elle résulte de la superposition de la prestation du candidat et d'une impression du jury.***

La note qui découle de la prestation du candidat est, quoiqu'on puisse en penser, enrichie ou dévaluée par des appréciations implicites qui tiennent à la présentation générale du candidat c'est-à-dire à ce qui ne relève pas de la connaissance, ni du plan ou de la manière de s'exprimer ; en un mot, d'une impression devenant ce « on ne sait quoi » qui aide à faire la différence finale lors du classement.

Cette impression est liée à la superposition et aux interférences de trois modes de communication durant l'épreuve :

– la communication verbale (ce que le candidat dit) ;

– la communication corporelle (ce que le paralangage confirme ou dément) ;

– la communication extra-corporelle (ce que le jury perçoit).

> Ce dernier point est le plus difficile à améliorer. C'est toute la question de la personnalité ou de « l'aura » du candidat confronté à un jury pluriel.

■ *Repères*

☞ ***La prise de parole et le débat contradictoire constituent une bonne préparation à l'exposé et aux réponses aux questions.***

Les techniques de concentration, d'expression et de relaxation physique et mentale peuvent être mises à profit pour préparer l'épreuve de conversation avec le jury.

Il est également conseillé de ***s'entraîner*** avec un ancien membre de jury ou un enseignant, un lauréat d'un concours précédent ou encore d'autres candidats lors d'oraux fictifs. Ces personnes simuleront le jury. Apprécier l'exposé permet de découvrir le candidat »vu d'en face«. Imaginer les questions à poser, c'est se préparer à y répondre. Écouter une réponse, c'est vérifier que la question a été bien comprise. Noter une prestation virtuelle, c'est déjà approcher le travail collégial d'un jury réel. Enfin, ce jeu de rôles dédramatise et relativise, si besoin était, l'approche du véritable jury.

Le CNED de Lille propose aussi des sujets à renvoyer sur cassette audio. Même si ce type de préparation ne restitue pas l'ambiance d'une épreuve orale, elle permet néanmoins de travailler l'expression et le respect du temps imparti.

Si rien ne remplace un jury, on peut aussi se reporter avec profit à des ouvrages pratiques qui permettent de mieux saisir les clefs de la communication :

– *Expression-Communication,* Francis VANDJE, Paris, *Armand Colin*, 1990.

– *Réussir l'entretien de recrutement,* Richard DURAND et Jean-Marie PERETTI, Paris, ***Éditions*** *d'Organisation,* 1994.

– *Savoir dialoguer et convaincre,* Alain BRULE, Paris, *Retz,* 1997.

– *La communication efficace,* Bernard SANANES, Paris, *Dunod,* 1998.

– *Savoir s'exprimer,* Yvette PESEZ, Paris, ***Retz***, 1999.

– *La communication orale,* René CHARLES et Christine WILLIAME, Paris, *Nathan Repères pratiques,* 1999.

– *S'entraîner aux épreuves orales, catégories A et B,* Jean HADRIEN, Paris, *Foucher*, 2001.

– *Techniques de l'expression écrite et orale,* Denis BARIL, Paris, *Sirey M&thod*, 10e édition, 2002.

☞ ***Futur candidat, le moment de passer l'épreuve orale de conversation est maintenant venu après une longue ou rapide préparation.***

L'expérience montre que la conversation réserve toujours des surprises : sujet original, questions imprévues ou réactions inattendues du jury. Si la contre-performance ne peut être exclue, le passage devant le jury constitue aussi un moment de dialogue unique où toutes les forces sont mobilisées : concentration, connaissances, réactivité et analyse personnelle. Les rapports de jury soulignent souvent le manque de combativité et de curiosité des candidats malheureux. Ceci revient à dire que la bonne gestion de moyens limités dans le temps imparti vaut mieux que des connaissances fournies mal exploitées.

Dans une situation de concours, ce qui distingue est plus intéressant pour le jury que ce qui rapproche. Le jury n'hésite jamais, surtout après des prestations honorables mais ternes, à attribuer d'excellents notes pour consacrer un exposé structuré et référencé suivi de réponses argumentées et personnelles. Les questions qui semblent les plus difficiles sont aussi celles qui feront la différence entre un candidat moyen et un candidat dont la note sera bonifiée : le coefficient fera le reste pour rattraper un candidat en queue d'admissibilité ou faire chuter au classement un candidat médiocre à l'oral. L'épreuve de conversation garantit donc la mobilité des candidats admissibles. Tout est possible dans un environnement que le candidat peut largement façonner.

Véritable clef du succès des concours, la conversation est maintenant à votre portée. À vous de donner le meilleur de vous-même.

Achevé d'imprimer sur les presses de l'Imprimerie BARNÉOUD
B.P. 44 - 53960 BONCHAMP-LÈS-LAVAL
Dépôt légal : juin 2003 – N° d'imprimeur : 14090
N° éditeur : 2113 - Imprimé en France